U1020180

让激情飞扬

中华人民共和国

（青少版） 国旗国歌国徽诞生故事

杨冬权 詹红旗◎编著

中国文史出版社

图书在版编目（CIP）数据

让激情飞扬：中华人民共和国国旗国歌国徽诞生故事 / 杨冬权，詹红旗编著 . -- 北京：中国文史出版社，2022.10

ISBN 978-7-5205-3940-1

Ⅰ . ①让… Ⅱ . ①杨… ②詹… Ⅲ . ①国旗 – 中国 – 青少年读物②国歌 – 中国 – 青少年读物③国徽 – 中国 – 青少年读物 Ⅳ . ① D621.6-49

中国版本图书馆 CIP 数据核字（2022）第 219327 号

责任编辑：戴小璇

出版发行：中国文史出版社
社　　址：北京市海淀区西八里庄 69 号院　邮编：100142
电　　话：010-81136606　81136602　81136603（发行部）
传　　真：010-81136655
印　　装：廊坊市海涛印刷有限公司
经　　销：全国新华书店
开　　本：1/16
印　　张：8.75
字　　数：120 千字
版　　次：2023 年 1 月北京第 1 版
印　　次：2023 年 1 月第 1 次印刷
定　　价：45.00 元

文史版图书，版权所有，侵权必究。

出版说明

中华人民共和国国旗国歌国徽是中华人民共和国的标志和象征。

每当我们看到鲜艳的五星红旗在空中飘扬，看到庄严的国徽在阳光下闪亮，听到雄壮的《义勇军进行曲》在耳边奏响，我们所想到的，是一个独立自主的国家建立起来了，一个苦难深重的民族觉醒了，占人类总数四分之一的中国人站起来了！

它们是新生婴儿清澈的双眸，它们是雨后天边美丽的彩虹，它们是滚滚江河不息的涛声，它们是新中国远大而光辉的前程！

它们是我们伟大祖国的化身！

它们由多重精神和品质所凝成！

它们所包含的那份庄严、团结、进取与激情，伴随着祖国70多年的光辉历程，始终凝聚着全体中华儿女，为中华民族的伟大复兴努力拼搏！

国旗、国歌、国徽诞生的过程，记录了老一辈革命家、社会名流、知识分子等社会各界人士在中华人民共和国成立过程中非凡的历史贡献，还有那些设计者、创作者在拟制过程中的感人故事……

历史将永远铭记着他们！

本书利用大量档案材料和珍贵展览图片编辑而成，是一本内容独特，集知识性、生动性于一体的普及读物。相信本书对广大青少年了解国旗国歌国徽知识，接受爱国主义和革命传统熏陶具有重要帮助作用。

目录 CONTENTS

新中国走来

一、1949，中国历史上一个特殊的年份

从 1948 年 9 月 12 日至 1949 年 1 月 31 日，中国人民解放军先后组织了辽沈、淮海、平津三大战略性战役，共歼灭国民党正规军 144 个师，非正规军 29 个师，合计 154 万余人。使国民党赖以维持其反动统治的军事力量基本上被摧毁，为中国革命在全国的胜利奠定了基础。

1948 年，毛泽东与周恩来在西柏坡谋划和指挥全国战局

1949 年，对中国来说是一个注定将产生激烈巨变的年份。

1949 年 1 月 1 日，《人民日报》发表了毛泽东撰写的《将革命进行到底》的新年献词。献词中说：

中国人民将要在伟大的解放战争中获得最后胜利，这一点，现在甚至我们的敌人也不怀疑了。

一九四九年中国人民解放军将向长江以南进军，将要获得比一九四八年更加伟大的胜利。

一九四九年我们在经济战线上将要获得比一九四八年更加伟大的成就……

一九四九年将要召集没有反动分子参加的以完成人民革命任务为目标的政治协商会议，宣告中华人民共和国的成立，并组成共和国的中央政府……

几千年以来的封建压迫，一百年以来的帝国主义压迫，将在我们的奋斗中彻底地推翻掉。一九四九年是极其重要的一年，我们应当加紧努力。

这一时代激变，正在加速催产一个全新的人民共和国的诞生。

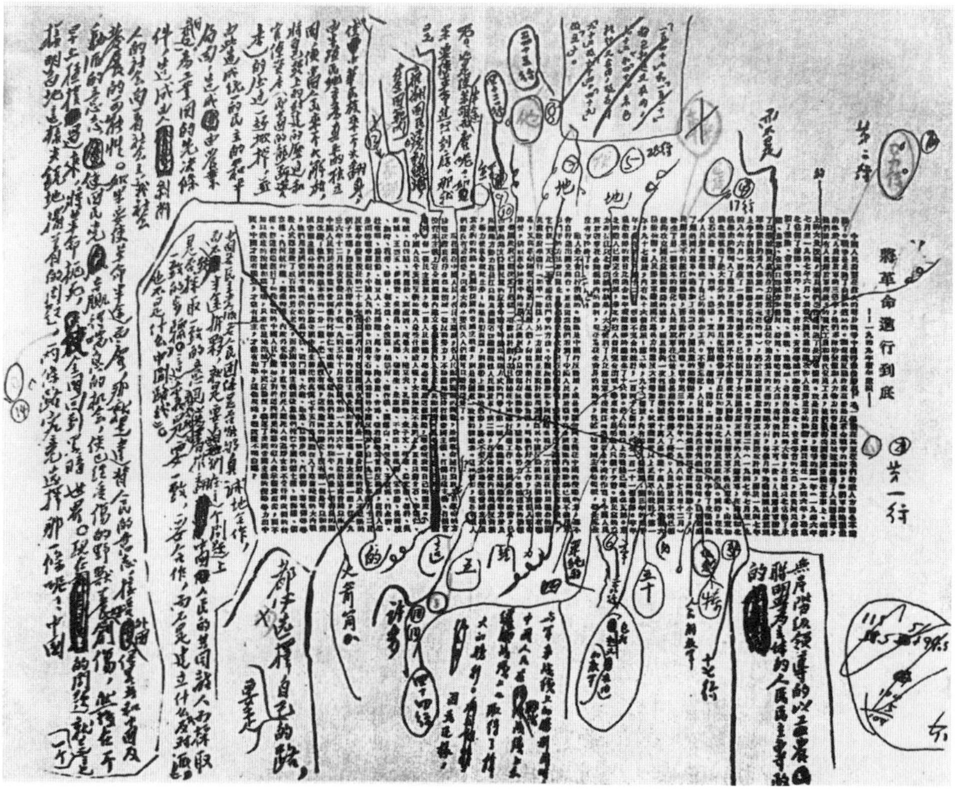
將革命進行到底

毛泽东撰写的《将革命进行到底》的修改稿（1948 年 12 月）

二、西柏坡，中国命运定于此村

河北平山县有一个小山村西柏坡，被誉为“中国命运定于此村”。它如一颗明珠镶嵌于太行山东麓的滹沱河畔，闪耀革命史册。这个小山村，曾一度成为整个中国革命的“心脏”，是新中国的摇篮。1973 年 2 月，周恩来为西柏坡题词：“西柏坡是毛主席和党中央进入北平、解放全中国的最后一个农村指挥所，指挥三大战役在此，开党的七届二中全会在此。”2013 年 7 月，习近平总书记在西柏坡与干部群众代表座谈时说：“西柏坡我来过多次，每次都怀着崇敬之心来，带着许多思考走。”

1949 年 3 月 5 日至 13 日，中共七届二中全会在西柏坡召开。毛泽东在会上作了重要报告。提出了在全国胜利的局面下，党的工作重心由乡村转移到城市；规定了党在全国胜利以后，在政治、经济、外交方面应当采取的基本政策，以及使中国由农业国转变为工业国、由新民主主义社会转变为社会主义社会的总任务和主要途径。

西柏坡中共中央旧址

会议批准了由中国共产党发起的关于召开新政治协商会议及成立联合政府的建议，批准了毛泽东关于以八项条件作为与国民党南京政府进行和平谈判的基础的声明，并根据毛泽东的报告通过了相应的决议。

七届二中全会描绘了新中国的蓝图，对迎接中国革命在全国的胜利，对新中国的建设事业，都有巨大的指导作用。

西柏坡，新中国从这里走来。

1949 年 3 月 5 日至 13 日，中共七届二中全会在西柏坡召开。图为毛泽东在会上作报告。

毛泽东告诫全党：“中国的革命是伟大的，但革命以后的路程更长，工作更伟大，更艰苦。这一点现在就必须向党内讲明白，务必使同志们继续地保持谦虚、谨慎、不骄、不躁的作风，务必使同志们继续地保持艰苦奋斗的作风。”

七届二中全会后，3月25日，中共中央及其所属机构由西柏坡迁至北平。

七届二中全会后，1949年4月，中国人民解放军组织了渡江战役。“钟山风雨起苍黄，百万雄师过大江。”人民军队以摧枯拉朽之势，一举占领了国民党反动政府的巢穴——南京，挂在伪总统府上的“青天白日满地红”旗，如秋后残叶，凄然飘落，国民党22年的反动统治寿终正寝。在人民解放军向全国大进军的凯歌声中，新中国正迈着坚实的步伐，一步步走来！这时，象征新中国主权、尊严、意志、团结的国旗、国徽、国歌，已在党和革命人民的心底开始描绘……

西柏坡70年巨变

三、筹建新中国

1.“五一”口号开启协商建国序幕

1946年6月26日，国民党不顾全国人民的强烈反对，向共产党领导的解放区展开大规模进攻，解放区军民奋力抗击，全面内战爆发。到1948年春，人民解放军在各战场展开强大攻势，外线开创了中原战场的新局面，内线捷报频传，并于4月21日成功收复延安。解放战争大局愈加明朗，革命胜利指日可待。此时，中国共产党调动一切积极因素、团结一切可以团结的力量，加强与各民主党派合作，协商成立民主联合政府的事项提到现实的日程上来。

1948年4月30日，中共中央发出纪念“五一”国际劳动节口号，号召巩固和扩大反对帝国主义、封建主义、官僚资本主义的统一战线，为打倒蒋介石、建立新中国而共同奋斗；团结各民主党派、各人民团体、各社会贤达，迅速召开没有反动分子参加的新的政治协商会议，讨论如何召开人民代表大会，成立民主联合政府问题。

5月1日，毛泽东致信给在香港的中国国民党革命委员会主席李济深、中国民主同盟中央主持盟务的常委沈钧儒，进一步阐述“五一”口号精神，就召开政治协商会议的地点、时间、人员范围等问题征求意见，同时提议由中共中央、民革中央、民盟中央发表联合声明倡议召开政治协商会议。

5月5日，李济深等12人代表各自党派和无党派民主人士，联名发出给全国同胞和毛泽东两个通电，热烈响应中国共产党的“五一”号召。之后，民革、民盟和其他民主党派、民主人士一起，在香港等地就召开新政协的若干重大问题，进行了广泛深入的讨论，提供许多积极的意见。中共中央与民主党派的互动，为协商建国拉开了序幕。

城南庄晋察冀军区司令部旧址。毛泽东当时在此居住并修改“五一”口号

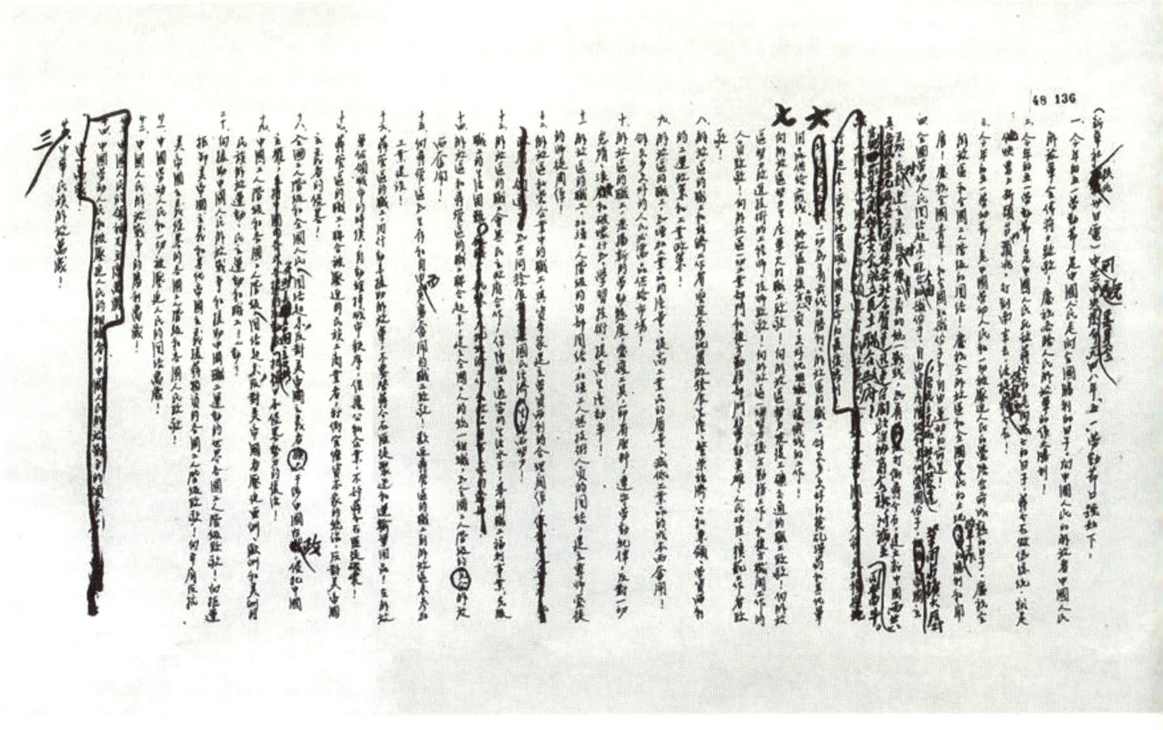

经毛泽东修改的“五一”口号手稿

2. 民主人士北上解放区

中国的民主党派，包括中国国民党革命委员会（民革）、中国民主同盟（民盟）、中国民主建国会（民建）、中国民主促进会（民进）、中国农工民主党（农工党）、中国致公党（致公党）、九三学社、台湾民主同盟（台盟）等。

中国的各民主党派形成时的社会基础，主要是民族资产阶级、城市小资产阶级以及同这些阶级相联系的知识分子和其他爱国人士。在它们的成员和领导骨干当中，还有一定数量的革命知识分子和少数共产党人。各民主党派和无党派民主人士，是中国政治生活中一支重要的力量。

中国的各民主党派尽管政纲不尽相同，但在爱国、反对卖国，主张民主、反对独裁这些方面，同中国共产党的新民主主义革命政纲基本上是一致的，长时间同中共保持着不同程度的联系。抗日战争胜利以后，这些民主党派在反内战、反独裁、实行民主政治等方面，同中国共产党实行政治合作，成为反对国民党反动统治的第二条战线的重要组成部分。随着人民解放战争形势的发展，各民主党派和许多无党派民主人士日益走上了接受共产党领导、积极参加人民革命的道路。中国的民主党派，是中国共产党领导的革命统一战线的重要组成部分。

1948 年 4 月 30 日，中共中央“五一”口号发布，各民主党派、民主人士很快予以响应。从当年 8 月起，纷纷从香港、上海、北平，甚至海外北上解放区；北平和平解放后，又陆续进入北平。在中国共产党的领导下，共同进行新政协的筹备工作。据统计，仅从香港北上进入解放区的民主人士和文化界精英就达 20 多批次、1000 余人。

“百川异源，而皆归于海！”中国共产党以大海般的伟大胸襟，调动一切可以调动的积极因素，团结一切可以团结的力量，将民主党派、各界爱国人士凝聚在自己的旗帜下，为新的政治协商会议的召开奠定了广泛的社会基础。

1948年9月29日，第一批从香港北上参加新政协筹备会议的民主党派负责人沈钧儒、谭平山、章伯钧、蔡廷锴四人到达哈尔滨。图为9月30日在哈尔滨合影，前排左起：李立三、谭平山、沈钧儒、李德全、蔡廷锴；后排：左二朱学范、左三章伯钧、左五赖亚力

1949年1月10日，在李富春、朱学范陪同下，李济深、沈钧儒等乘火车抵达沈阳。17日，李济深（左三）、沈钧儒（左二）、郭沫若（左五）等在沈阳观看棒棒戏《王贵与李香香》

1949年3月25日，毛泽东、朱德等率领中共中央机关和人民解放军总部进入北平，民主党派负责人和民主人士到西苑机场迎接。左起：沈钧儒、朱德、董必武、李济深、陈其瑗、郭沫若、黄炎培、毛泽东、林伯渠、马叙伦

3. 新政治协商会议筹备会召开

1949 年 6 月 15 日，新政治协商会议筹备会第一次全体会议在北平中南海勤政殿召开。各民主党派、无党派民主人士及人民团体等 23 个单位，共 134 名代表参加了大会。开幕会上，毛泽东指出，召集新的政治协商会议成立民主联合政府的一切条件，均已成熟。这个筹备会的任务是：完成各项必要的准备工作，迅速召开新的政治协商会议，成立民主联合政府，以便领导全国人民，以最快的速度肃清国民党反动派的残余力量，统一全中国，有系统地和有步骤地在全国范围内进行政治的、经济的、文化的和国防的建设工作。

毛泽东在新政协筹备会上致开幕词

毛泽东在新政协筹备会上

毛泽东最后说：

中国人民将会看见，中国的命运一经操在人民自己的手里，中国就将如太阳升起在东方那样，以自己的辉煌的光焰普照大地，迅速地荡涤反动政府留下来的污泥浊水，治好战争的创伤，建设起一个崭新的强盛的名副其实的人民共和国。

会议历时五天，选出了由 21 人组成的常委会，负责办理经常工作；常委会下设六个小组，分别负责拟定参加新政协的单位及其代表名额，起草新政协组织条例，起草新政协共同纲领，拟定中华人民共和国政府方案，起草新政协会议宣言，拟定国旗、国徽、国歌方案。1949 年 9 月 21 日，中国人民政治协商会议第一届全体会议在北平隆重举行，一个崭新的共和国也将从这里宣告诞生。

1949年6月，新政协筹备会常务委员在中南海合影。一排左起：谭平山、章伯钧、朱德、毛泽东、沈钧儒、李济深、陈嘉庚、沈雁冰；二排左起：黄炎培、马寅初、陈叔通、郭沫若、蔡廷锴、乌兰夫；三排左起：周恩来、林伯渠、蔡畅、张奚若、马叙伦、李立三（张澜未参加合影）

国旗国徽国歌方案的征集

一、第六小组，负责草拟国旗、国徽及国歌方案

1949 年 6 月 15 日，新政治协商会议筹备会第一次全体会议召开。拟定新中国国旗、国徽、国歌是此次会议的重要任务之一。

6 月 16 日，周恩来主持召开新政协筹备会常委会第一次会议，决定在筹备会常委会下设立六个小组，由第六小组负责草拟国旗、国徽及国歌方案。

新政治协商会议筹备会第六小组（拟定国旗国徽国歌方案）

组　长：马叙伦

副组长：叶剑英　沈雁冰

成　员：张奚若　田　汉　马寅初　郑振铎　郭沫若　翦伯赞
钱三强　蔡　畅　李立三　张　澜　陈嘉庚
欧阳予倩　廖承志

马叙伦（1885—1970）

叶剑英（1897—1986）

沈雁冰（1896—1981）

张奚若（1889—1973）

田汉（1898—1968）

马寅初（1882—1982）

郑振铎（1898—1958）

郭沫若（1892—1978）

翦伯赞（1898—1968）

钱三强（1913—1992）

蔡畅（1900—1990）

李立三（1899—1967）

张澜（1872—1955）

陈嘉庚（1874—1961）

欧阳予倩（1889—1962）

廖承志（1908—1983）

二、《征求国旗国徽图案及国歌辞谱启事》

1.“启事”的草拟

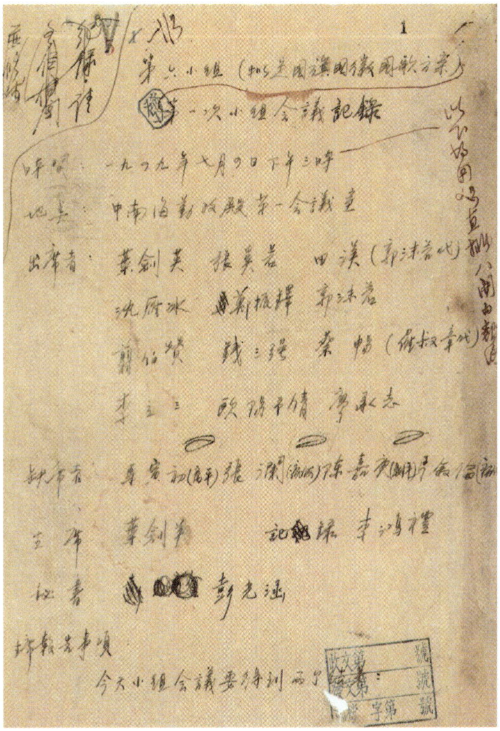
1
第六小组（拟定国旗国徽国歌方案）
第一次小组会議記錄
時間：一九四九年七月四日下午三時
地點：中南海勤政殿第一会議室
出席者：葉劍英 張奚若 田漢（郭沫若代）
沈雁冰 鄭振鐸 郭沫若
翦伯贊 錢三强 蔡暢
李立三 歐陽予倩 廖承志
主席：葉劍英
秘書：彭光涵
報告事項

1949 年 7 月 4 日下午 3 时，在副组长叶剑英的主持下，第六小组在中南海勤政殿第一会议室举行第一次全体会议。会议决定：以新政治协商会议筹备会名义向全国人民发布启事，征集对国旗、国徽、国歌的意见和方案，郭沫若、沈雁冰、郑振铎三人负责草拟启事。同时，推选翦伯赞、蔡畅、李立三、叶剑英、田汉、郑振铎、廖承志、张奚若八人组成国旗、国徽图案初选委员会，叶剑英为召集人；推选田汉、沈雁冰、钱三强、欧阳予倩、郭沫若五人组成国歌词谱初选委员会，郭沫若为召集人。

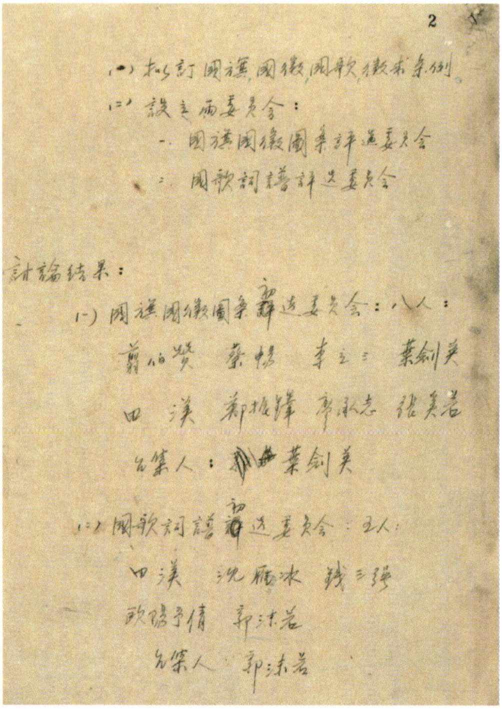

2

(一) 拟订国旗、国徽、国歌征求条例
(二) 设立两委员会：
一、国旗国徽图案评选委员会
二、国歌词谱评选委员会

討論结果：
(一) 国旗国徽图案初选委员会：八人：
翦伯赞 蔡畅 李立三 叶剑英
田汉 郑振铎 廖承志 张奚若
召集人：叶剑英
(二) 国歌词谱初选委员会：五人：
田汉 沈雁冰 钱三强
欧阳予倩 郭沫若
召集人：郭沫若

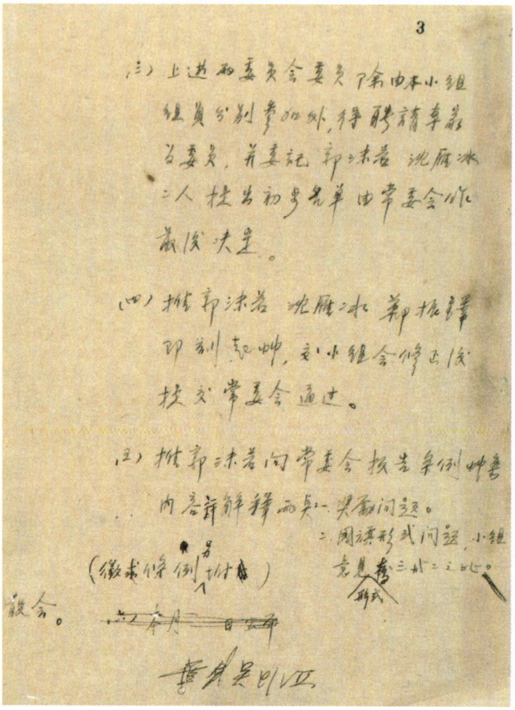

3

(三) 上述两委员会委员，除由本小组组员分别参加外，得聘请专家为委员，并委托郭沫若、沈雁冰二人提出初步名单，由常委会作最后决定。
(四) 推郭沫若、沈雁冰、郑振铎起草征求条例，交小组会修正后提交常委会通过。
(五) 推郭沫若向常委会报告条例草案内容并解释两点：一、……
(征求条例另附)
散会。

新政协筹备会第六小组第一次小组会议记录（1949 年 7 月 4 日）

2.“启事”的批准

按照第六小组第一次会议的决定，郭沫若、沈雁冰、郑振铎草拟了《征求国旗国徽图案及国歌辞谱启事（草案）》，草案清样呈报毛泽东、周恩来审阅。毛泽东、周恩来对这份200多字的《草案》认真修改达14处之多。如毛泽东把第一条注意事项“色彩以赤色为主”一句中的“赤”字改成“红”字；把第三条中的“毛泽东思想”改为“新民主主义”……

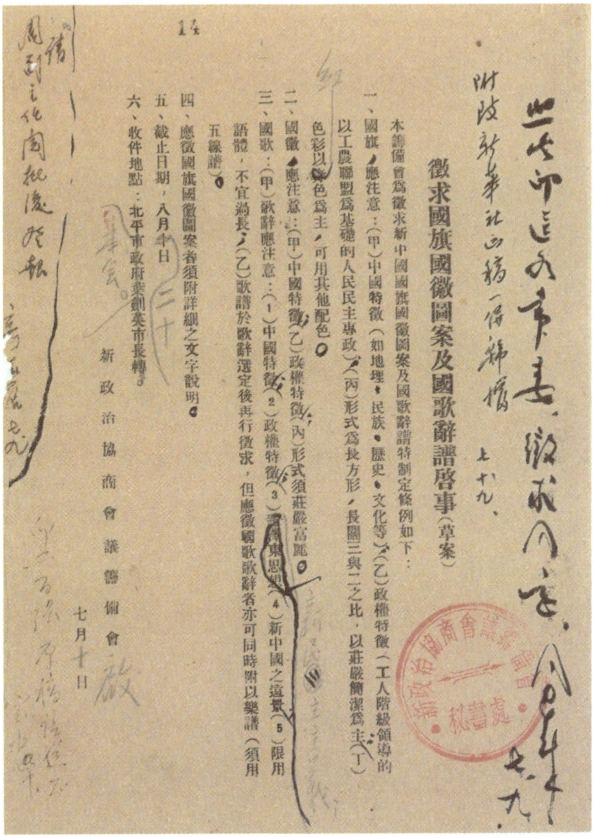
徵求國旗國徽圖案及國歌辭譜啓事（草案）

本籌備會為徵求新中國國旗國徽圖案及國歌辭譜特制定條例如下：

一、國旗應注意：（甲）中國特徵（如地理、民族、歷史、文化等）（乙）政權特徵（工人階級領導的以工農聯盟為基礎的人民民主專政）（丙）形式為長方形，長闊三與二之比，以莊嚴簡潔為主（丁）色彩以赤色為主，可用其他配色。

二、國徽應注意：（甲）中國特徵（乙）政權特徵（丙）形式須莊嚴富麗。

三、國歌：（甲）歌辭應注意：（1）中國特徵（2）政權特徵（3）毛澤東思想（4）新中國之遠景（5）限用語體，不宜過長（乙）歌譜於歌辭選定後再行徵求，但應徵國歌歌辭者亦可同時附以樂譜（須用五線譜）。

四、應徵國旗國徽圖案者須附詳細之文字說明。

五、截止日期，八月十日

六、收件地點：北平市政府葉劍英市長轉。

新政治協商會議籌備會

七月十日

周恩来对《征求国旗国徽图案及国歌辞谱启事（草案）》的批示（1949年7月9日）

1949年7月9日，周恩来在《草案》上批示："照此印送各常委，征求同意。"之后，新政协筹备会秘书处将《草案》呈送各常委征求意见，得到各常委的同意。

关于国旗设计，《征求国旗国徽图案及国歌辞谱启事（草案）》要求：（甲）中国特征（如地理、民族、历史、文化等）；（乙）政权特征（工人阶级领导的以工农联盟为基础的人民民主专政）；（丙）形式为长方形，长阔三与二之比，以庄严简洁为主；（丁）色彩以红色为主，可用其他配色。

3."启事"的发布

1949年7月14日，《征求国旗国徽图案及国歌辞谱启事》送《人民日报》《解放日报》《新民报》《大众日报》《光明日报》《进步日报》《天津日报》等各报，要求"即日起连续刊登五天，五天以后，每间日刊登一次，直刊至八月十五日为止"。上述报纸刊登后，国内其他各报、香港及海外各华侨报纸也及时作了转载。

《启事》刊出后，投稿纷至沓来。投稿者既有高级干部、将军，也有著名艺术家、学者，还有普通军人、工人、农民、学生等；投稿地区更是遍及全国各省区，包括尚未解放的地区，甚至港澳及海外。

国旗、国徽、国歌的拟定采取了全社会动员这一方式，极大地触发了广大中华儿女的爱国激情，激情飞扬，点亮了整个社会智慧的火花。人们一下子凝聚在一起，形成巨大的创作和创造力量，为新中国的标志绘制最美的图画！涂抹最绚的色彩！谱写最强的乐章！

短短不到一个月的时间，征集稿件达数千件，其中国旗设计稿多达1920件。这一幅幅、一件件，融注了海内外华夏儿女对新中国独立、自由、民主和富强的关切与热爱！

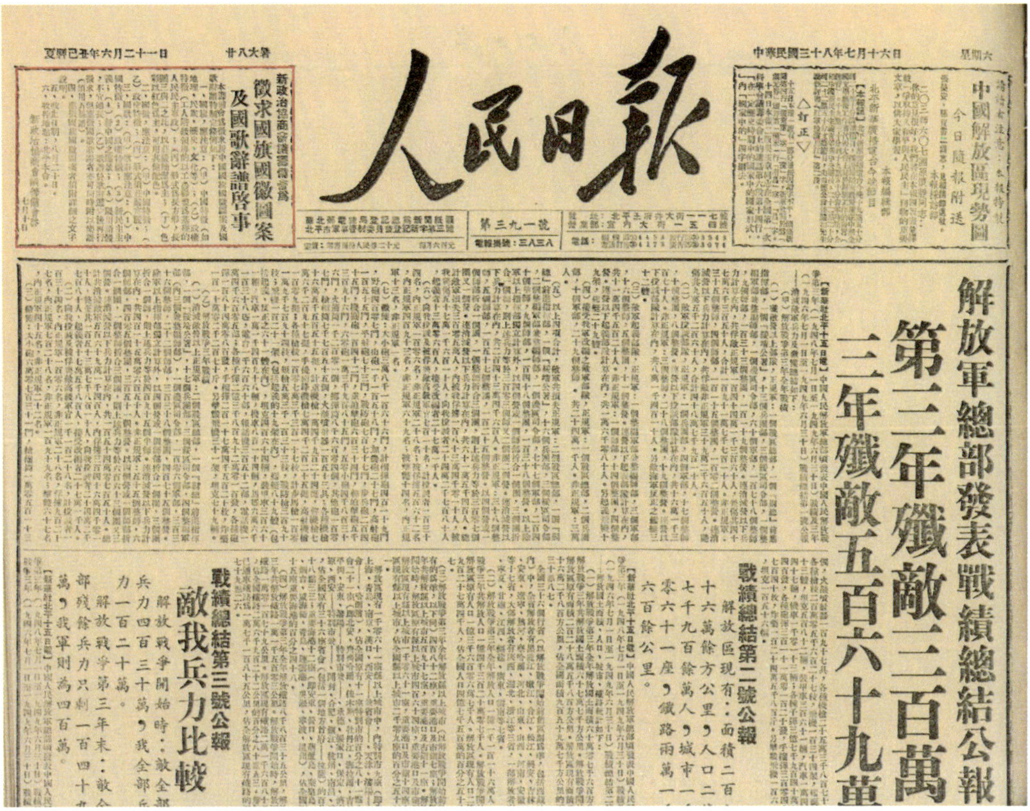

人民日報

中華民國三十八年七月十六日 星期六

新政治協商會議籌備會爲
徵求國旗國徽圖案
及國歌辭譜啓事

中國解放區現勢圖
今日隨報附送

解放軍總部發表戰績總結公報
第三年殲敵三百萬
三年殲敵五百六十九萬

戰績總結第二號公報

解放區現有：面積二百三十六萬餘方公里，人口二億七千九百餘萬人，城市一千零六十一座，鐵路兩萬一千六百餘公里。

戰績總結第三號公報
敵我兵力比較

解放戰爭開始時：敵全部兵力四百三十萬，我全部兵力一百二十萬。

解放戰爭第三年末：敵全部殘餘兵力只剩一百四十九萬，我軍則爲四百萬。

《人民日报》刊登的《征求国旗国徽图案及国歌辞谱启事》（1949年7月16日）

国旗：一张天下最美的脸

一、聘请初选委员会专家顾问

第六小组于 1949 年 8 月 5 日召开第二次全体会议，对启事登出半个月以来收到的 459 件国旗稿件进行了初审，挑选出一些稿件。为使评审工作更具权威性，会议决定：国旗国徽图案初选委员会拟聘徐悲鸿、梁思成、艾青三位专家为顾问。全部应征稿件由有关顾问提出意见，交付有关初选委员会审阅，提供本组全体会议决定。

8 月 16—20 日，第六小组在北京饭店 413 会客室设置临时选阅室，集中陈列和甄选来稿。小组成员与专家们紧张工作，对琳琅满目的应征方案进行了反复的比较甄选。当时的小组秘书彭光涵后来回忆说："第六小组成员和专家绝大多数人差不多天天来审阅和评选应征稿，他们边审阅，边评选，边议论。当时马叙伦、沈雁冰、田汉、郑振铎、梁思成、郭沫若、艾青、罗叔章（代表蔡畅）等人都是全天埋头审阅群众来稿。"

徐悲鸿（1895—1953）

梁思成（1901—1972）

艾青（1910—1996）

国旗国徽图案初选委员会聘请的三位顾问

8 月 22 日，第六小组国旗国徽初选委员会召开第一次会议。会上初步选定国旗图案 16 幅、国徽 4 幅交全组再度审选。

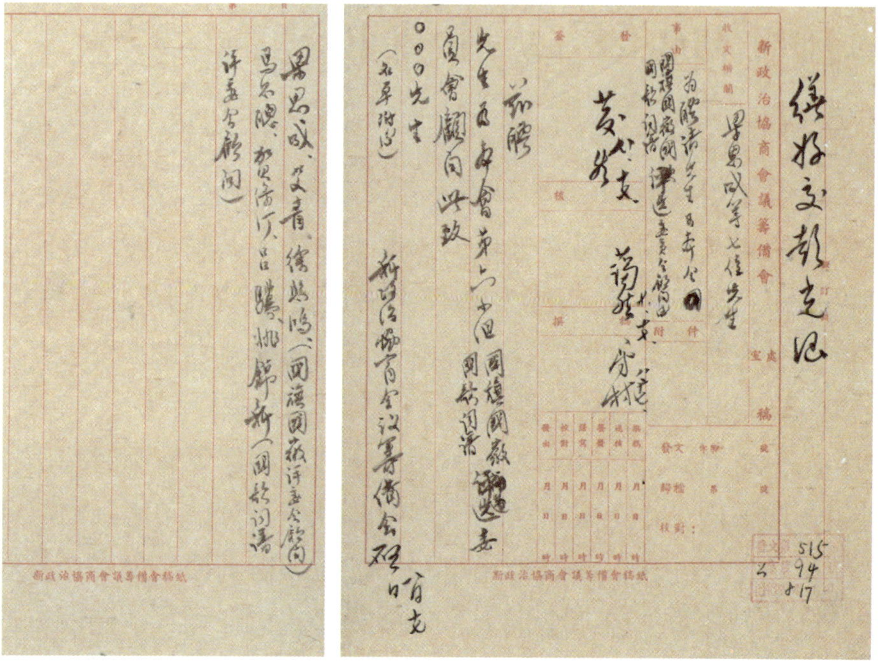

新政治協商會議籌備會 稿

梁思成等七位先生

為聘請先生為本會國旗國徽國歌詞譜評選委員會顧問

茲聘

先生為本會第六小組國旗國徽國歌詞譜評選委員會顧問

此致

○○○先生

（名單附后）

新政治協商會議籌備會

八月十七日

梁思成、艾青、徐悲鴻（國旗國徽評選委員會顧問）

馬思聰、賀綠汀、呂驥、姚錦新（國歌詞譜評選委員會顧問）

新政治協商會議籌備會稿紙

聘请梁思成等为国旗国徽国歌词谱评选委员会顾问的函（1949 年 8 月 17 日）

二、“初选十一号”与“初选十七号”之争

1. 第六小组会议认为“初选十一号”较好

1949 年 8 月 24 日，第六小组在北京饭店六楼大厅召开第三次全体会议，大家针对 22 日选出的符合标准的国旗图案进行了反复磋商。下面两份记录真实反映了这一过程。

梁思成：我提个消极意见，旗子上四分之一白空的系统同美国和国民党的旗子太相近了，太跟着他们走了。

翦伯赞：我赞成中间白的那个，将来通过也许是它，它比其余的都好。

梁思成：星再大一些，教它成适当的比例。星靠角好，无风时星也能看见。

郑振铎：白的照相没有颜色，只有孤零零的星，照上多难看。

梁思成：白色是最显明的色彩，无论什么地方放下它，别的都不显了，所以舞台和照相都尽量避免使用的。

此间郭沫若画出一个国旗图案，红色的旗面上有两条蓝道和一个黄色的五角星。

钱三强：可否把蓝道改成别的颜色，红和蓝在一起不显明。

马叙伦：郭先生设计一下，蓝条要改颜色。

钱三强：改黄的好看，长江、黄河也是黄的。

……

说到这里，会场一片笑声。

最后关于国旗方面会议达成如下决议事项：

1. 国旗图案中有左上方留四分之一的形式一种较为美观，惟与美国及国民党之国旗相似，不拟采用（如初选3、8、5等号）；

2. 为避免与苏联相同拟不采取斧头镰刀形式；

3. 一致意见以为“初选第十一号”较好。红白二色分配适当，制作容易，红星在角上旗不飘开亦能看见，样式亦与其他国家并无雷同，配色美观，在象征上也适合征求条例。白色象征光明，红色象征革命政权，红星代表共产党的领导。

4. 为慎重起见，把复选提出可供参考的提请常委会审核……共十七张（可能是增加了郭沫若临时画的一个国旗图案，见“复字第十号”——编者注）。

复字第十一号

设计者：莫宗江

初选第十一号

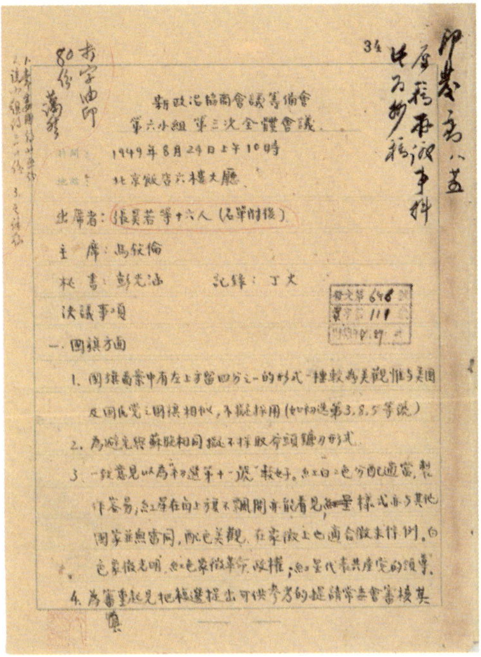

34

新政治協商會議籌備會
第六小組第三次全體會議

1949年8月24日上午10時

北京飯店六樓大廳

出席者：張奚若等十六人（名單附後）

主席：馬敘倫

秘書：彭光涵　記錄：丁丈

決議事項

一、國旗方面

1. 國旗圖案中有左上方留四分之一的形式一種較為美觀惟與美國及國民黨之國旗相似，不擬採用（如初選第3、8、5等號）

2. 為避免與蘇聯相同擬不採取斧頭鐮刀形式。

3. 一致意見以為初選第十一號較好。紅白二色分配適當，製作容易，紅星在向上方不飄開亦能看見，樣式亦與其他國家並無雷同，配色美觀，在象徵上也適合徵求條例。白色象徵光明，紅色象徵革命政權，紅星代表共產黨的領導。

4. 為審重起見把複選提出可供參考的提請常委會審核其

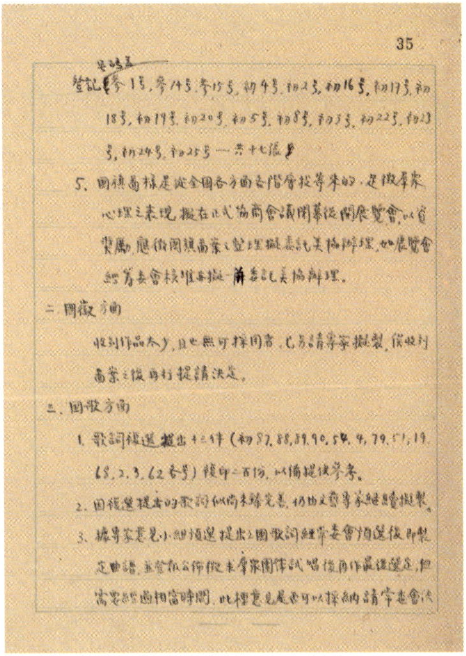

35

登記（參1號，參14號，參15號，初4號，初2號，初16號，初17號，初18號，初19號，初20號，初5號，初8號，初3號，初22號，初23號，初24號，初25號——共十七張）

5. 國旗圖樣是從全國各方面各階層投寄來的，足徵群眾心理之表現，擬在正式協商會議開幕後開展覽會，以資獎勵，應做國旗圖案之整理擬請美協辦理，如展覽會經常委會核准再擬一并請美協辦理。

二、國徽方面

收到作品太少，且也無可採用者，已另請專家擬製，俟收到圖案之後再行提請決定。

三、國歌方面

1. 歌詞複選擬出十三件（初87,88,89,90,54,4,79,51,19,(8,2,3,62各號）複印二百份，以備提供參考。

2. 因複選提出的歌詞似尚未臻完善，仍由文藝專家繼續擬製。

3. 據專家意見小組複選提出之國歌詞經常委會複選後即製定曲譜，並登報公佈徵求群眾試唱後再作最後選定，但需要經過相當時間，此種意見是否可以採納請常委會決

新政协筹备会第六小组第三次全体会议记录（1949 年 8 月 24 日）

2. 陈嘉庚对“初选十一号”的异议

对于8月24日第六小组第三次全体会议决议，特别是第3项“一致意见以为‘初选第十一号’较好”，会后，缺席会议的陈嘉庚先生提出明确反对意见。

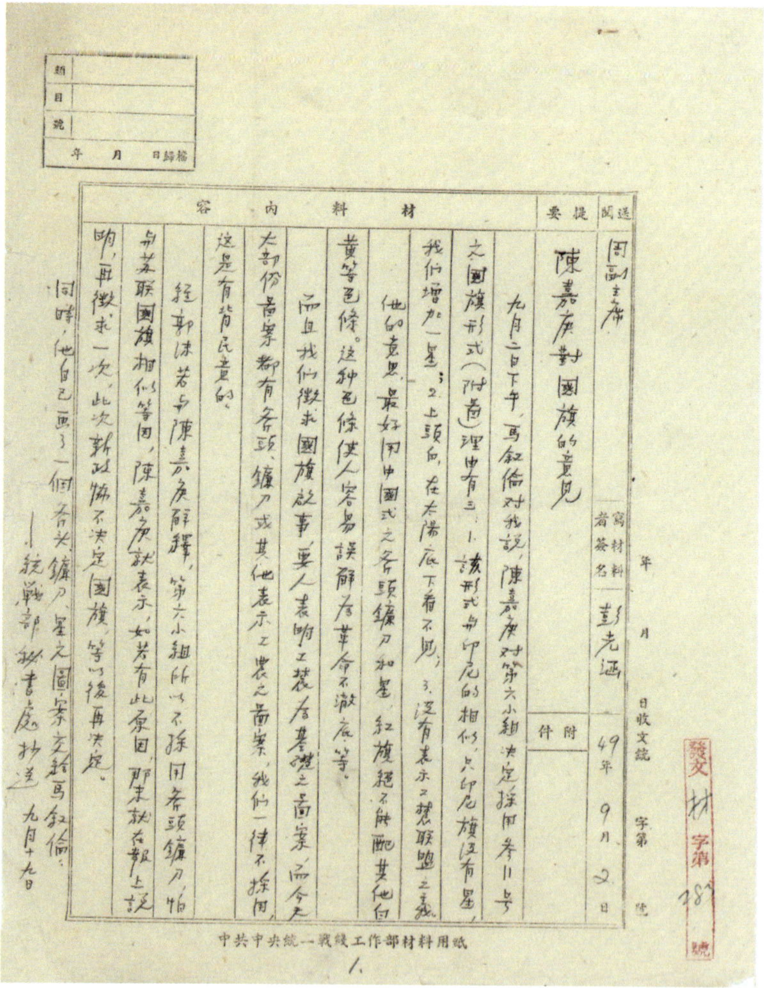
送閱：周副主席
提要：陳嘉庚對國旗的意見
寫材料者簽名：彭光涵
收文 49年9月2日
材料内容：
九月二日下午，馬叙倫对我說，陳嘉庚对第六小組決定採用第11号之國旗形式（附圖）理由有三：1.該形式與印尼的相似，只印尼旗沒有星，我们增加一星；2.上頭白，在太陽底下看不見；3.沒有表示工農聯盟之義。
他的意思，最好用中國式之斧頭鐮刀和星，紅旗絕不能配其他白黃等色條。這种色條使人容易誤解為革命不澈底等。
而且我们徵求國旗啟事要人表明工農為基礎之圖案，而今天大部份圖案都有斧頭、鐮刀或其他表示工農之圖案，我们一律不採用，這是有背民意的。
經郭沫若與陳嘉庚解釋，第六小組所以不採用斧頭鐮刀，怕與蘇联國旗相似等因，陳嘉庚就表示，如若有此原因，那末就在報上說明，再徵求一次，此次新政協不決定國旗，等以後再決定。
同時，他自己画了一個斧头鐮刀、星之圖案交給馬叙倫。
統戰部秘書處抄送 九月十九日
中共中央統一戰綫工作部材料用紙
1.

中央统战部秘书处转报陈嘉庚对国旗图样的意见（1949年9月2日）

陈嘉庚先生的理由是：

1. 该形式与印尼的相似，只印尼旗没有星，我们增加一星；

2. 上头白，在太阳底下看不见；

3. 没有表示工农联盟之义。

……

而且我们征求国旗启事，要人表明工农为基础之图案，而今天大部份（分）图案都有斧头、镰刀或其他表示工农之图案，我们一律不采用，这是有背民意的。

同时，他自己还画了一个斧头、镰刀、星光图案交给马叙伦。

3. 毛泽东等中央领导提出“初选十七号”图案好

1949年9月14日，第六小组在北京饭店东餐厅召开第四次全体会议，主要讨论国旗问题。一开始，会议主席马叙伦即通报了陈嘉庚对“初选十一号”的异议以及毛泽东等中共领导新提出“初选第十七号”的意见。表示中央“研究结果，初采用国旗图案十一号修改图案，后觉得初选十七号图案好，但发现一条黄线把革命阶段分截开了……并且毛主席说，国旗上不一定要表明工农联盟，国徽上可以表明”。陈嘉庚先生参加了会议，用了很长的发言进一步陈述他的看法。

与会人员各抒己见，讨论十分热烈，主要集中在两个问题：一是方案是否要按照登报条例（指《启事》）的要求，必须体现工农联盟的政权特征；二是“初选第十七号”与“初选第十一号”如何取舍。最终多数与会者认为，国旗图案“不仅代表政权，而且还要顾及到艺术”，“不一定要固守那个条例”。而在第二个问题上，因为两个方案各有短长，与会人员意见难以统一，最后根据会议主席意见，对两个方案进行投票，结果“十七号”七票对“十一号”四票，决出先后顺序。

最后会议决定：选出十七号与十一号，“修改好，提供常委会”。

复字第三号

郑考度修正图

根据“初选第十七号”修改的“复字第三号”

复字第四号

初选第十一号修正图

根据“初选第十一号”修改的“复字第四号”

4. 编印《国旗图案参考资料》

1949 年 9 月 14 日第六小组召开第四次全体会议，除了决定选出第十七号与第十一号修改图提供常委会参考外，还决定将来稿中较好的国旗图案印成小册子，即《国旗图案参考资料》，由第六小组组员召集新政协全体代表，分组商讨。整理、印制小册子的工作交由田汉、郑振铎、艾青、徐悲鸿、贺绿汀五人负责。

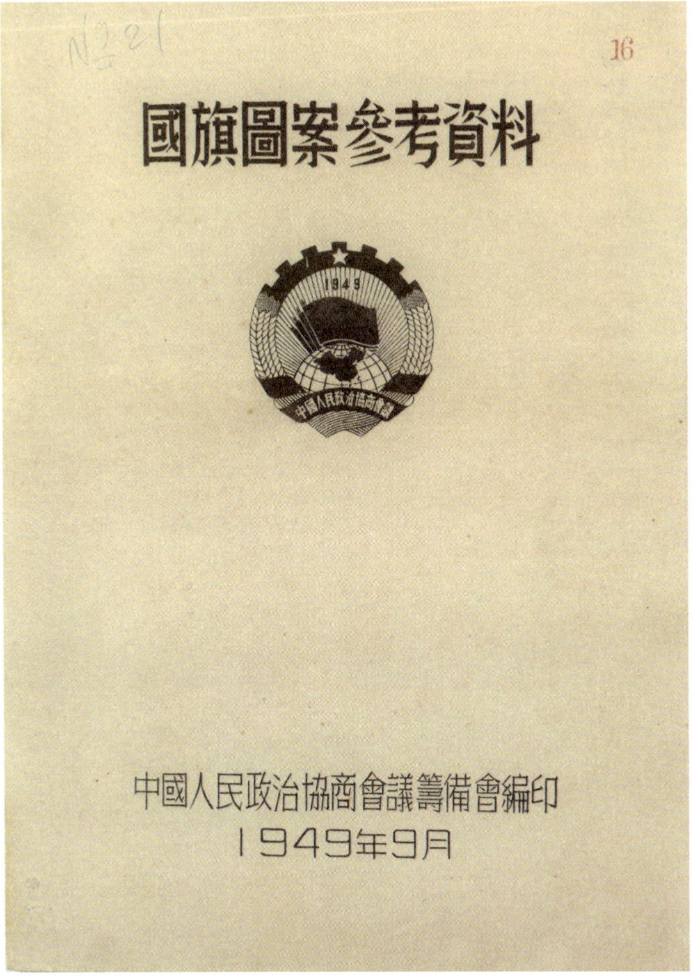

17

目　　錄

复字第一號……初選十七號修正圖之一
復字第二號……初選十七號修正圖之二
復字第三號……鄭考度修正圖
復字第四號……初選第十一號修正圖
復字第五號……設計者：梁從誡
復字第六號……設計者：胡元卿
復字第七號……設計者：羅　文
復字第八號……設計者：郭沫若　製圖者：周光遠
復字第九號……設計者：張　仃　鍾　靈　周光遠
復字第十號……設計者：郭沫若
復字第十一號……設計者：莫宗江
復字第十二號……設計者：張　仃　鍾　靈　周光遠
復字第十三號……設計者：張　仃　鍾　靈　周光遠　蕭淑華
復字第十四號……設計者：嚴星華
復字第十五號……設計者：朱總司令　畫圖者：張　仃
復字第十六號……設計者：蕭淑華
復字第十七號……設計者：蕭淑華
復字第十八號……設計者：陽太陽
復字第十九號……設計者：吳玉章　製圖者：艾　青
復字第二十號……設計者：陽太陽
復字第二十一號……設計者：艾　青
復字第二十二號……設計者：龐薰琹
復字第二十三號……設計者：吳玉章　製圖者：美術供應社
復字第二十四號……設計者：張　仃　鍾　靈

—1—

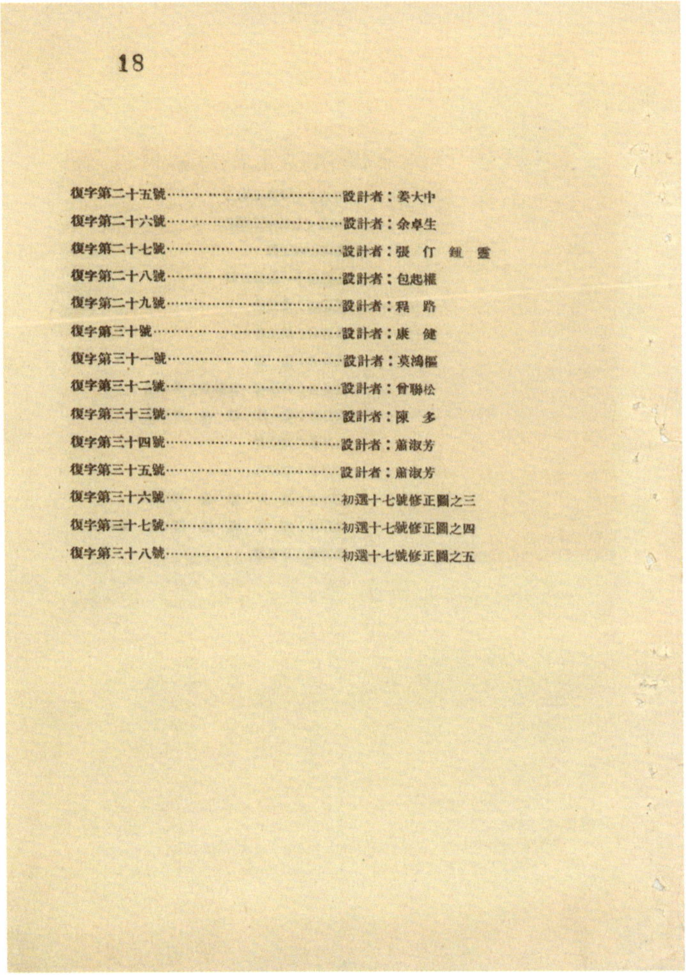

18

復字第二十五號	設計者：婁大中
復字第二十六號	設計者：余卓生
復字第二十七號	設計者：張 仃 鍾 靈
復字第二十八號	設計者：包起權
復字第二十九號	設計者：程 路
復字第三十號	設計者：康 健
復字第三十一號	設計者：莫鴻樞
復字第三十二號	設計者：曾聯松
復字第三十三號	設計者：陳 多
復字第三十四號	設計者：蕭淑芳
復字第三十五號	設計者：蕭淑芳
復字第三十六號	初選十七號修正圖之三
復字第三十七號	初選十七號修正圖之四
復字第三十八號	初選十七號修正圖之五

19

國旗、國徽、圖案評選工作的說明

國旗國徽圖案及國歌詞譜的製訂 ， 在中國人民政治協商會議籌備會中，由第六小組設計 。 參加第六小組的，是馬叙倫、葉劍英、張瀾、郭沫若、陳嘉庚、馬寅初、蔡暢、李立三、張奚若、廖承志、田漢、鄭振鐸，歐陽予倩、翦伯贊、錢三強、沈雁冰，共十六人。七月四日，第六小組開第一次會議，決定了（1）公開徵求，（2）設立國旗國徽圖案評選委員會及國歌詞譜評選委員會。關於公開徵求，第一次小組會上，就擬定了徵求條例，隨即登報，並定八月二十日爲徵求截止期。關於兩個評選委員會，當時小組會上決定：除由本組組員分別參加外，並聘請專家參加；後來（八月五日，第六小組第二次全體會議上）決定聘請徐悲鴻、梁思成、艾青參加國旗國徽圖案評選委員會，聘請馬思聰、呂驥、賀綠汀、姚錦新參加國歌詞譜評選委員會。截至九月十四日，第六小組共開過全體會議四次 ， 座談會若干次。又爲了便利本組組員及專家選閱甚多之應徵來稿，自八月十六日至二十日，在北京飯店四一三號會客室特設臨時選閱室，將所有應徵來稿集中陳列。

自登報徵求後，社會上的反應非常熱烈。一個月內，收到應徵稿件，統計如下：

國旗：一九二〇件，圖案二九九二幅。

國徽：一一二件，圖案九〇〇幅。

國歌：六三二件，歌詞六九四首。

意見書（不附圖案或詞譜者）：二四封。

上列來稿，其中有五十八件爲二人以上之集體製作。一人所投之稿，往往包括圖案兩個以上，乃至十餘個之多；例如國旗應徵稿件爲一九二〇，而不同之圖案實數則爲二九九二，多出一千餘個。

再就應徵來稿之地區分佈而言，其範圍之廣，可以說遍及全國乃至海外。現在分類統計如下：

北平：四一一	東北：四三五	上海：三九一	天津：一四〇
江蘇：一四五	浙江：一四二	河北：一二〇	南京：一〇七
山東：一二八	河南：六一	武漢：六一	青島：五四
安徽：四七	江西：二八	山西：二九	西安：二九
陝西：二二	湖南：八	熱河：七	內蒙：六
綏遠：三	香港：六三	美洲：二三	馬來亞：四
澳門：四	北朝鮮：五	印尼：三	
待解放區：四	其他及不明地址者：二八九		

至於投稿者的職業、性別、年齡及所屬階層，還沒有作出精密統計，僅言其大概，則有小學生，也有仍用文言作說明並且引用了古書的老先生，有工人，也有農民，有機關職員，也有大學教授，中小學教師，作家，及其他自由職業者；而來自解放軍各部隊機關的投稿凡八十七件。大抵來自各老解放區的投稿，以工人、及機關職員爲最多，學生及農民次之；而

— 1 —

20

來自新解放區的投稿，則以自由職業者爲最多。總而言之，從這一次的國旗、國徽、國歌應徵稿件上，充分表現了全國（還有海外華僑）各階層、各種職業的人士，男女老幼，對於革命政權如何的熱烈擁護，對於新中國的國旗、國徽、國歌之製作又如何的關心，如何踴躍地來發表他們的意見。

第六小組深感其責任之重大， 不敢掉以輕心。 全組組員及參加兩個評選委員會的專家們，經過多次討論，反覆審閱，就國旗國徽圖案，得出了初步意見，簡述如下：

一、國旗國徽圖案徵求條例，提出應注意各點爲（甲）中國特徵（如地理、民族、歷史、文化）等等，（乙）政權特徵(工人階級領導的以工農聯盟爲基礎的人民民主專政)，（丙）國旗圖案以莊嚴簡潔爲主，國徽則須莊嚴而富麗 。 應徵稿件就上述注意各點構思設計大別可分爲四類。第一爲鐮錘交叉並加五角星者，此類最多，其中並有變體，例如鐮錘有國際式（即蘇聯國旗上所用之形式）與中國式者，有將鐮錘置於五角星之中，或將旗之左上方作白色或藍色而置鐮錘或五角星於其中者。第二爲嘉禾齒輪並加五角星，或不加五角星者，此類亦有多種變體。第三爲以兩色，或三色之橫條或豎條組成旗之本身而於左上角或中央置鐮錘或五角星或嘉禾齒輪者。第四爲旗面三分之二爲紅色三分之一爲白、藍、黃各色，而加以紅色或黃色的五角星者；此類亦不少，其變體則爲紅色旗面加黃色長條一道或兩道，而五角星的位置亦各有不同。

二、上述四類，其第一類用國際式鐮錘交叉並加五角星者，無論其形式如何變換，總有摹仿蘇聯國旗的感覺。至於擬用中國式鐮錘或其他農具以代鐮刀的圖案，則因布置困難形式上既不美觀，而摹仿的意義依然存在。

第二類擬用嘉禾齒輪的，形式上很難配合得當，故亦難以美觀，且圖面複雜，與「簡潔」之旨不符。

第三類的形式，一半摹仿美國國旗，又一半摹仿蘇聯國旗，構思設計，都不足取。

第四類的長處是簡潔。這一類中，紅色旗面三分之一處加黃色長條而以五角星位於左上角，這一個形式，較其他各式似乎更好些（如復字第一號）；蓋紅色象徵革命，五角星象徵共產黨領導的聯合政權，黃色長條則可以代表中華民族發祥地的黃河。

三、國徽圖案的投稿大多數不合體制 ， 因爲應徵者多把國徽想像作普通的證章或紀念章。合於國徽體制的來稿，其中又有圖案意味太重，過於纖巧的。比較可供參考採擇者，僅四五式。

這就是第六小組審閱評選國旗國徽圖案的初步意見。人民政協籌備會常委會審查了這些初步意見後，未作最後決定。九月十七日，人民政協籌備會第二次全體會議通過了決議：國旗、國徽、國歌工作移交人民政協第一屆全體會議，並由原來負責的小組向人民政協第一屆全體會議主席團提出報告。根據此項決議，第六小組除向主席團提出報告外，並選印可供參考選擇之各類各式國旗圖案三十八幅，國徽圖案五幅，印成小冊，請全體會議各位代表加以審閱並請提出意見。

一九四九年九月廿二日

—— 2 ——

复字第一号

初选十七号修正图之一

复字第二号

初选十七号修正图之二

复字第三号

郑考度修正图

复字第四号

初选第十一号修正图

复字第五号

设计者：梁从诚

复字第六号

设计者：胡元卿

复字第七号

设计者：罗　文

复字第八号

设计者：郭沫若　制图者：周光远

复字第九号

设计者：张 仃 钟 灵 周光远

复字第十号

设计者：郭沫若

复字第十一号

设计者：莫宗江

复字第十二号

设计者：张 仃 钟 灵 周光远

复字第十三号

设计者：张 仃 钟 灵 周光远 萧淑华

复字第十四号

设计者：严星华

复字第十五号

设计者：朱总司令 画图：张 仃

复字第十六号

设计者：萧淑华

复字第十七号

设计者：萧淑华

复字第十八号

设计者：阳太阳

复字第十九号

设计者：吴玉章　制图者：艾　青

复字第二十号

设计者：阳太阳

复字第二十一号

设计者：艾　青

复字第二十二号

设计者：庞薰琹

复字第二十三号

设计者：吴玉章　制图：美术供应社

复字第二十四号

设计者：张　仃　钟　灵

复字第二十五号

设计者：姜大中

复字第二十六号

设计者：余卓生

复字第二十七号

设计者：张　仃　钟　灵

复字第二十八号

设计者：包起权

复字第二十九号

设计者：程　路

复字第三十号

设计者：康　健

复字第三十一号

设计者：莫鸿枢

复字第三十二号

设计者：曾联松

复字第三十三号

设计人：陈　多

复字第三十四号

设计者：萧淑芳

复字第三十五号

设计者：萧淑芳

复字第三十六号

初选十七号修正图之三

复字第三十七号

初选十七号修正图之四

复字第三十八号

初选十七号修正图之五

《国旗图案参考资料》（1949 年 9 月 22 日）

5. 中国人民政治协商会议第一届全体会议开幕

1949 年 9 月 21 日，中国人民政治协商会议第一届全体会议在北平召开，会议决定设立 6 个审查委员会，其中之一是国旗国徽国歌国都纪年方案审查委员会，共 55 人，马叙伦为召集人，负责仍在进行的中华人民共和国国旗、国歌、国徽的拟制工作。第六小组正式命名为国旗国徽国歌国都纪年方案组，接续完成国旗、国歌、国徽等的拟制工作。

出席中国人民政治协商会议第一届全体会议的代表步入大会会场

9月22日，国旗国徽国歌国都纪年方案组召开第五次全体会议，在有关国都与纪年的问题上达成一致，但关于国旗，却在“复字第三号”（即初选十七号，根据郑考度之图案修正后制成）与“复字第四号”（即初选十一号修正图）的选择上仍难以形成一致意见，遂建议23日邀请出席政协大会的全体代表分组讨论国旗方案。在上报的《关于国旗国都纪年的意见》中明确：“本组意见采用复字第三号或复字第四号，因为其构图庄严，简洁，美观，而且涵义基本上合乎我们征求条件。”

三、曾联松与他设计的国旗图案原稿

曾联松，1917 年出生于浙江瑞安一个知识分子家庭，1936 年考入南京大学前身中央大学经济系，专业课之余选修了美学，参加抗日救亡活动。1938 年加入中国共产党，参加大学学生地下党支部工作。

1949 年春，32 岁的曾联松在上海地下党领导的一家通讯社工作，5 月，他和全市人民一道，迎来了大上海的解放。

7 月 15 日，他在报纸上看到国旗征稿启事之后，热血沸腾，立即“埋头于设计之中”。他回忆当时心情时说：“我不是艺术家，也不是从事美术设计的，当时之所以不量力度德，亦不计工拙，想到去设计国旗图案，实在是一种欢呼新中国诞生的喜悦，一种热切爱国的激情使然。”

7 月的上海，闷热如蒸，曾联松挥汗如雨，反复回味启事要求，伏案描画……终于，一幅自己比较满意的国旗图案形成了。

曾联松对所设计的图案作了说明：红色代表革命与斗争；一颗大星代表中国共产党之领导与人民解放军；四颗小星代表新民主主义之四个阶级联盟；黄色代表中国为黄种人。

五星红旗设计者曾联松

曾联松最早设计的国旗图案是“红地五星旗”，已是现在五星红旗的雏形，差别之处是大五星中间有一个镰刀铁锤的图案。但是，当“初选十一号”与“初选十七号”国旗图案风头正劲时，这一方案并未引起更多关注。

方案组制作的《国旗图案参考资料》共选录了38幅图案，分别以“复字第一号”至“复字第三十八号”顺序编号。其中有应征稿原稿，也有根据评审意见修改的修改稿。“初选第十七号”修改稿为“复字第三号”，“初选第十一号”为“复字第四号”。曾联松的五星红旗作为“复字第三十二号”入选，入选时略作修改，去掉了大五星图案中的镰刀铁锤。直到这时，后来成为中华人民共和国国旗设计蓝本的五星红旗才真正进入人们的视野。

曾联松设计的国旗图案原稿

复字第三十二号

设计者：曾联松

曾联松设计的原稿经过修改，作为“复字第三十二号”入选

四、五星红旗

1. 全体代表分组讨论

1949 年 9 月 23 日，政协会议代表分 11 个组，对国旗方案进行了广泛的讨论。会后，方案组将讨论情况与各方意见汇总。当天晚上 7 点，国旗国徽国歌国都纪年方案组召开第六次全体会议，对讨论结果进行了总结。

9 月 24 日，方案组给会议主席团提交了《为讨论国旗国都纪年事项邀集全体代表征求意见情况的报告》，关于国旗的综合意见为：

> 一、各分组征求意见的结果统计，赞同复字第三号者最多有 185 人，其次为复字第四号 129 人，复字第一号 112 人，复字第二号 77 人。总之，大多数的代表都同意红旗角上有一星及一黄条的类型，认为较好者共 342 人，惟对于星的颜色，黄条的粗细、位置、长短及象征的说明略有不同的意见。
>
> 1. 大部分代表是不赞同参考资料说明中“黄色象征中国为黄种人与和平”。因以皮肤颜色来分人类是不科学的。同时，最近两世纪来，帝国主义者特别以此来表示其种族的优越感，并且在国际上皆以白色象征和平，故此说明应加以修改。
>
> 2. 黄条象征中国经济文化发源地之黄河亦有部分人不同意，因黄河只是汉族的发祥地，并且黄河又为中国的忧患，所以此说明不妥。
>
> 3. 有部分人不同意星的五角是象征中国五亿人口，因人口是逐渐发展的，可以用此来象征星光普照大地。

4. 红色不但象征革命，而且象征劳动。

5. 有部分人不赞成黄条贯穿的，因好像是把红颜色——革命给分开了。

二、有人主张不应避免用镰刀斧头，否则工农即无法表明。

三、主张采用复字第十五号的有张治中、邵力子、陈劭先等18人，并且严景耀说燕京大学的学生多数是赞同复字第十五号图样的，理由见说明。

四、主张采用复字第三十二号的有胡厥文、李烛尘、雷荣珂等15人，理由同说明，但四个小星可以略向下移动些。

五、洪深提议国旗选用第28号，惟须增加一个星，其理由有12大条。

六、罗隆基提议，红旗中有一白色五角星以象征和平。

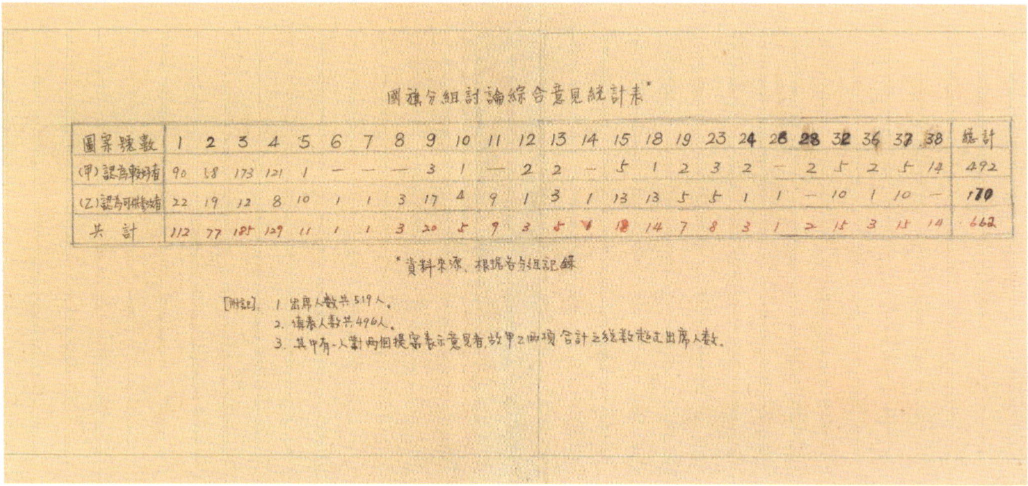

國旗分組討論綜合意見統計表*

圖案號數	1	2	3	4	5	6	7	8	9	10	11	12	13	14	15	18	19	23	24	26	28	32	36	37	38	總計
(甲)認為較好者	90	58	173	121	1	—	—	—	3	1	—	2	2	—	5	1	2	3	2	—	2	5	2	5	14	492
(乙)認為可供參考者	22	19	12	8	10	1	1	3	17	4	9	1	3	1	13	13	5	5	1	1	—	10	1	10	—	170
共計	112	77	185	129	11	1	1	3	20	5	9	3	5	[illegible]	18	14	7	8	3	1	2	15	3	15	14	662

*資料來源，根據各分組記錄

[附記]. 1. 出席人數共519人。
2. 填表人數共496人。
3. 其中有一人對兩個提案表示意見者，故甲乙兩項合計之總數超過出席人數。

国旗分组讨论综合意见统计表（1949年9月24日）

一个月来，从“初选十一号”与“初选十七号”之争，到政协代表分组讨论，有关中华人民共和国国旗图案的论证始终没有停止过。这是一个存在较大分歧和充满无限激情的过程，是无时无刻不牵动全党上下、全国各界人民的心的时刻。这个过程是充分的，是非常必要的。方案组推荐的“复字第三号”与“复字第四号”赞成者很多，但反对者也大有人在。争论的焦点集中在国旗图案是否严格坚持启事要求体现国家政权、工农联盟的特点？有关元素的寓意是否以“黄色象征中国为黄种人与和平”，以及黄色代表黄河？是否要加上黄条贯穿旗面，造成南北分家之嫌？凡此种种，都使人们在接下来的进一步论证中加以思考要从什么角度去体现党的领导和工农联盟问题，如何避免引发人们把红色（革命）割裂开来的错觉。这为五星红旗被关注创造了良好的氛围。

2.“红地五星旗”受到重视

曾联松设计的“红地五星旗”从形式到内容都符合征稿启事关于国旗设计的要求，很好地体现了党的领导和工农联盟的特点，符合中国革命实际，反映了中国人民大团结的主题。而且不存在人们讨论中提出的一条黄条把革命或国家割裂开来的问题。

可喜的是，在政协会议代表的全体分组讨论中，鲜艳、大气且寓意深远的“复字三十二号”受到关注。据当时方案组秘书彭光涵回忆：

> 9 月 23 日，人民政协全体代表分为 11 个小组讨论国旗、国徽、国歌等方案，……各小组讨论非常认真和热烈，但各代表对第六小组挑选的国旗参考图案，看法不同，选择的也非常不一致。……当天晚上，齐燕铭副秘书长和我正在办公室工作，周恩来同志来了。他问我，你接触了那么多国旗图案，到底哪个图案代表意见比较一致？我回答，一颗大五角星加一条黄杠的图案赞成意见较多，但反对的意见也不少，而且很坚决，即使勉强通过了，意见一定还很大。大家比较欣赏的复字 32 号，这个五星红旗图案，但是有人不赞成用四个五角星代表四个阶级，总的看，五星红旗的图案比较好，容易通过。周恩来同志说：“好！你按这个图案再画一幅大一点的，

并做一面大旗明天下午交给我。”我根据他的指示办了。

根据方案组9月24日给会议主席团提交的《为讨论国旗国都纪年事项邀集全体代表征求意见之报告》对讨论结果的总结：“主张采用复字第三十二号的有胡厥文、李烛尘、雷荣珂等15人，理由同说明，但四个小星可以略向下移动些。”虽然只得到15个赞成票，但对一个名不见经传的设计者的方案来说，已经得到一定程度的认可。而且这个报告的附件四，是四幅综合了代表和专家意见新修改的国旗图案，其中有三幅采纳了四颗小星环绕大星的构思。

鉴于“复字第三号”和“复字第四号”反对声音颇大，“红地五星旗”受到重视。五星红旗的身影业已依稀可见。

方案组《为讨论国旗国都纪年事项邀集全体代表征求意见之报告》附件四

3.“现在也好，将来也好，又是团结又是革命。”

党和国家领导人毛泽东、周恩来等一直十分关心关注国旗的设计工作，多次指示听取各方意见，并对选出的每一份设计稿仔细过目、反复推敲。

9月25日，毛泽东、周恩来在中南海丰泽园主持座谈会，邀请郭沫若、沈雁冰、黄炎培、陈嘉庚、张奚若、马叙伦、田汉、徐悲鸿、李立三、洪深、艾青、马寅初、梁思成、马思聪、吕骥、贺绿汀等参加，听取关于国旗、国徽、国歌、国都等问题的意见。

会议一开始，毛泽东开门见山地指出：

> 过去我们脑子老想在国旗上划上中国特点，因此划上一条，以代表黄河。其实许多国家国旗也不一定有什么该国家特点。苏联之斧头镰刀也不一定代表苏联特征，那（哪）一国也有同样之斧头镰刀。英美之国旗也没有什么该国特点。
>
> 因此，我们这个图案（毛主席拿着五星红旗指着说）表现我们革命人民大团结。现在要大团结，将来也要大团结。因此，现在也好，将来也好，又是团结又是革命。

毛泽东主席给五星红旗赋予了崭新的含义。这一分析和选择立即得到与会者的一致认同。“毛主席讲完后大家鼓掌表示完全赞同。”

陈嘉庚说：

> 我从东北回来就很关心国旗问题，我完全赞同毛主席所讲的第三十二图案。

梁思成说：

> 我觉得第三十二图很好，而且与军旗也不相差很大，多星代表人民大团结，红代表革命，表示革命人民大团结。

其他人一致发言赞同第三十二图为国旗图样，并一致鼓掌通过。

曾联松设计的国旗图案，以其独特的构思，深刻的蕴意，力压群雄。

这幅设计稿虽出自一位名不见经传的普通人之手，却为毛泽东慧眼所识，最终脱颖而出！

油画《国旗的诞生》（高国方作）。画中人物，后排右起：李济深、宋庆龄、刘少奇、张澜、毛泽东、沈雁冰、周恩来、赛福鼎、郭沫若、乌兰夫、马叙伦、贺龙；前排左起：陈叔通、朱德

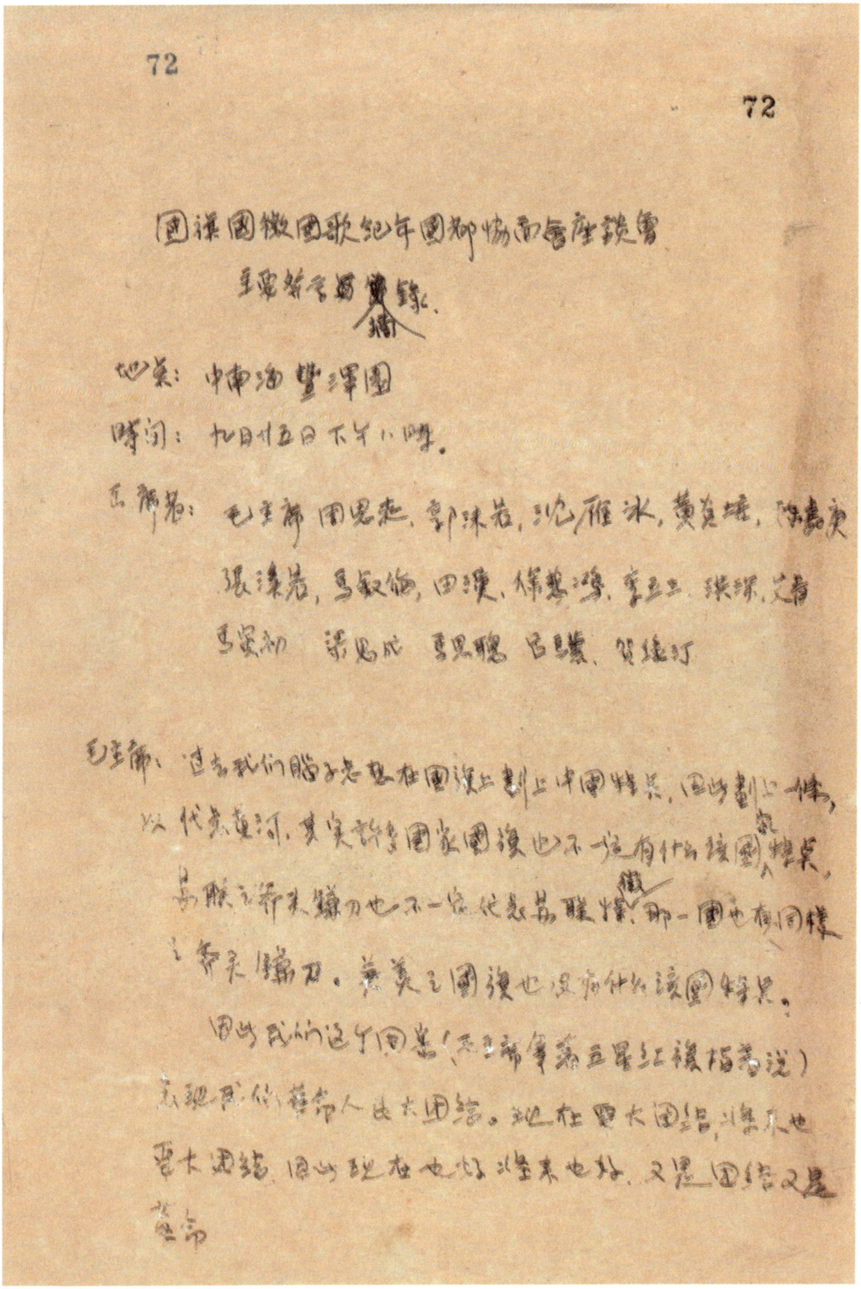

72

72

国旗国徽国歌纪年国都协商会座谈会

速记稿摘录

地点：中南海丰泽园

时间：九月廿五日下午八时

出席者：毛主席、周恩来、郭沫若、沈雁冰、黄炎培、陈嘉庚、张奚若、马叙伦、田汉、徐悲鸿、李立三、洪深、艾青、马寅初、梁思成、马思聪、吕骥、贺绿汀

毛主席：过去我们脑子老想在国旗上画上中国特点，因此画上一条，以代表黄河，其实许多国家国旗也不一定有什么该国家特点，苏联之斧头镰刀也不一定代表苏联特征，那一国也有同样之斧头镰刀。英美之国旗也没有什么该国特点。

因此我们这个图案（毛主席拿着五星红旗指着说）表现我们革命人民大团结。现在要大团结，将来也要大团结，因此现在也好，将来也好，又是团结又是革命。

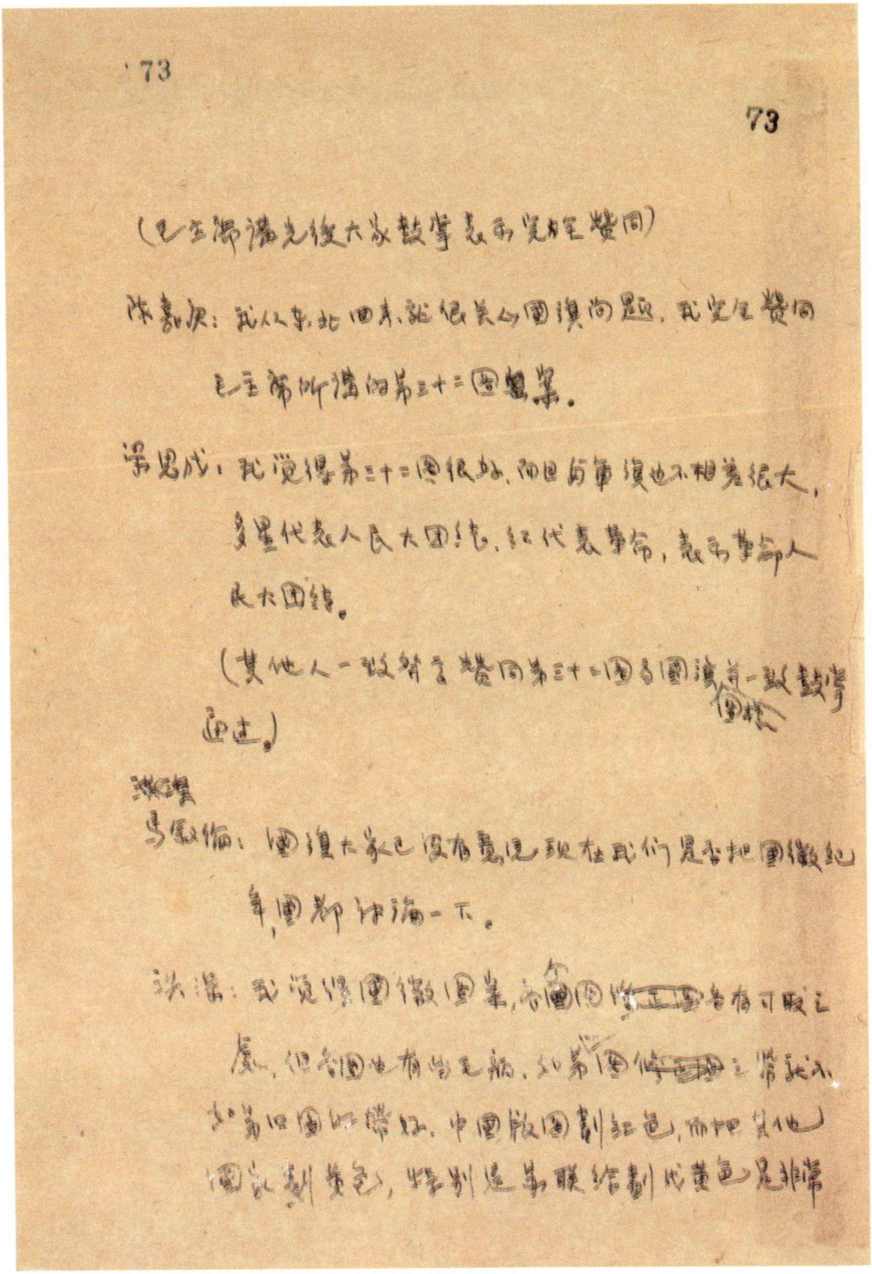

73

73

（毛主席讲完后大家鼓掌表示完全赞同）

张奚若：我从东北回来，听说关于国旗问题，我完全赞同毛主席所讲的第三十二图案。

梁思成：我觉得第三十二图很好，和国前第复也不相差很大，五星代表人民大团结，红代表革命，表示革命人民大团结。

（其他人一致附合赞同第三十二图为国旗并一致鼓掌通过。）

马叙伦：国旗大家已没有意见，现在我们是否把国徽纪年国都讨论一下。

洪深：我觉得国徽图案，各个图各有可取之处，但各图也有些毛病，如第图之常犯，如第四图的带子好，中国版图划红色，而把其他国家划黄色，特别是苏联给划成黄色是非常

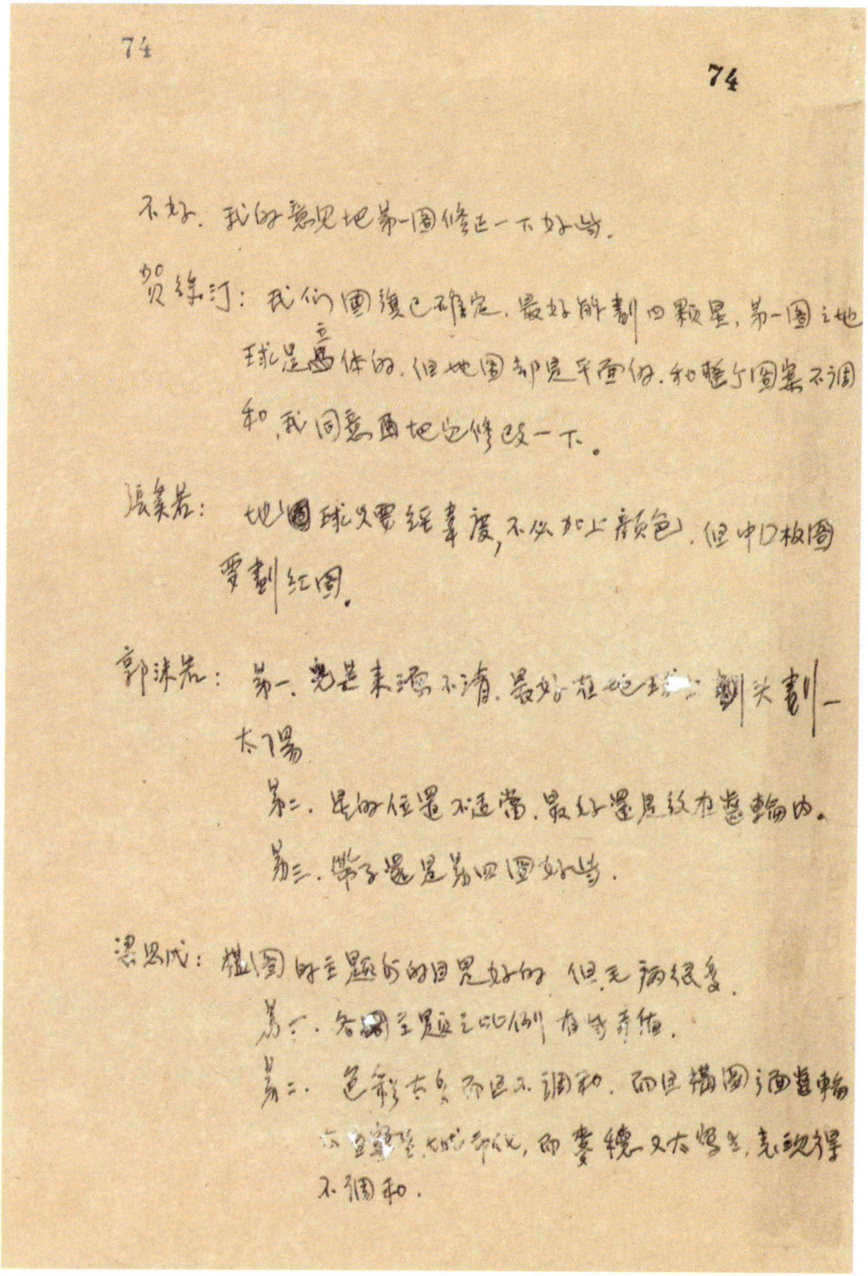

74

74

不好。我的意见把第一图修正一下好些。

贺绿汀：我们图像已确定，最好能划四颗星，第一图之地球是立体的，但地图都是平面的，和整个图案不调和，我同意再把它修改一下。

張奚若：地球只要经纬度，不必加上颜色，但中间旗帜要划红图。

郭沫若：第一、看甚来认不清，最好在地球上划头划一太陽

第二、星的位置不适当，最好還是放在齿轮内。

第三、整个還是第四图好些。

梁思成：構图的主题的目的是好的，但毛病很多。

第一、各个主题之比例有些奇怪。

第二、色彩太多而且不调和，而且構图之面齿轮太单薄太纤巧，而麦穗又太写实，表现得不调和。

75

75

中国图案有几千年的优秀历史，因此我们之国徽最好能用中国图案来设计出来。

（讨论到这里有人提议简单一点，并提议采用国旗图案小册内第五章所设计之嘉禾和工字图案）

马叙伦：我们是否可商定一个原则，去修改。

毛主席：国旗决定，国徽是否可慢一点决定，等将来交给政协去决定。

马叙伦：最好还是决定一个原则。

徐悲鸿：我觉得把第一图修改一下，原则上我完全同意这个图案。

张奚若：现在我们这些图案太像苏联之国徽。

郭沫若：我觉得这个原则还是可以，大可修改修改一下……

毛主席：张先生说像苏联，我们是否不决定原则。

[illegible]：假使这个原则要求那设计人张仃同志从修正一下。

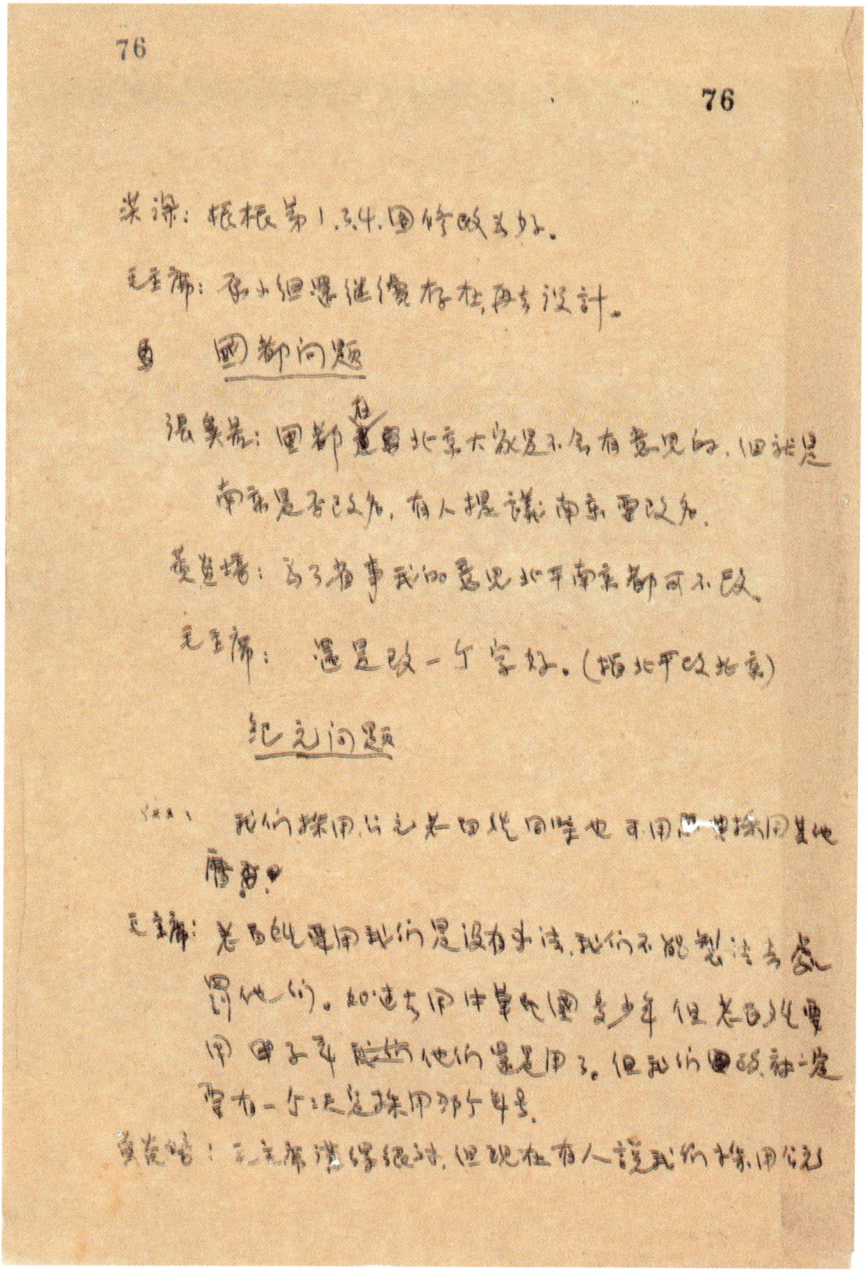

76

76

梁漱：根据第1.3.4.图修改为好。

毛主席：分小组還继续存在，再去设计。

四 国都问题

张奚若：国都在北京大家是不会有意见的，但就是南京是否改名，有人提议南京要改名。

黄炎培：为了省事我的意见北平南京都可不改。

毛主席：還是改一个字好。（指北平改北京）

纪元问题

×××：我们採用公元，若回民同样也可用[illegible]要採用其他曆書？

毛主席：若回民要用我们是没有办法，我们不能制法去处罚他们。如过去用中华民国多少年，但若回民要用回子年，他们还是用了。但我们国政就一定要有一个决定採用那个年号。

黄炎培：毛主席讲得很对，但现在有人说我们採用公元

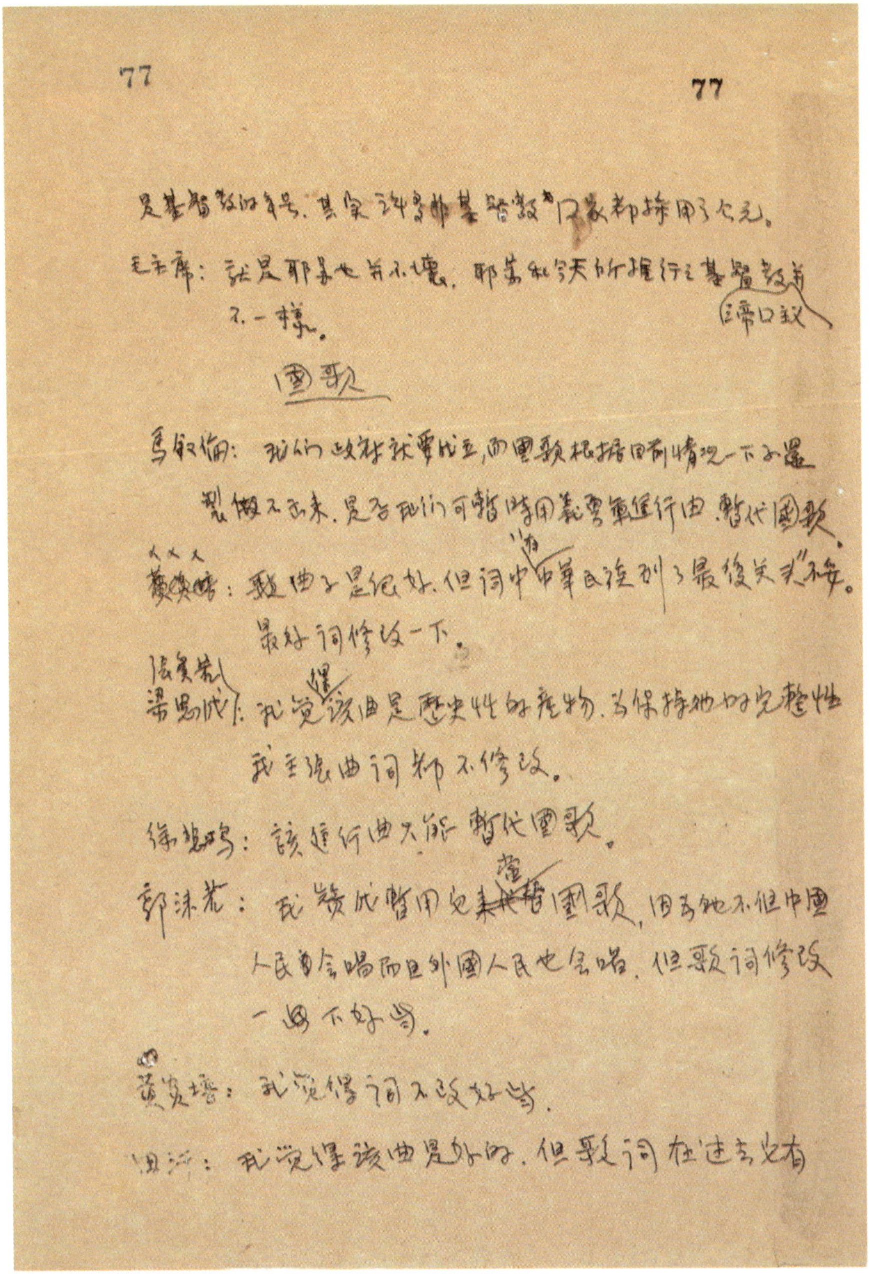

77　　77

是基督教的年号，其实许多非基督教国家都採用了公元。

毛主席：就是耶稣也并不坏，耶稣和今天所推行之基督教帝国主义并不一样。

国歌

马叙伦：我们政府就要成立，而国歌根据目前情况一下子还制做不出来，是否我们可暂时用义勇军进行曲，暂代国歌。

黄炎培：歌曲子是很好，但词中"中华民族到了最後关头"不妥。最好词修改一下。

張奚若、梁思成：我觉得该曲是历史性的产物，为保持她的完整性，我主张曲词都不修改。

徐悲鸿：该进行曲只能暂代国歌。

郭沫若：我赞成暂用它当国歌，因为她不但中国人民都会唱而且外国人民也会唱，但歌词修改一些不好当。

黄炎培：我觉得歌词不改好些。

田汉：我觉得该曲是好的，但歌词在过去总有

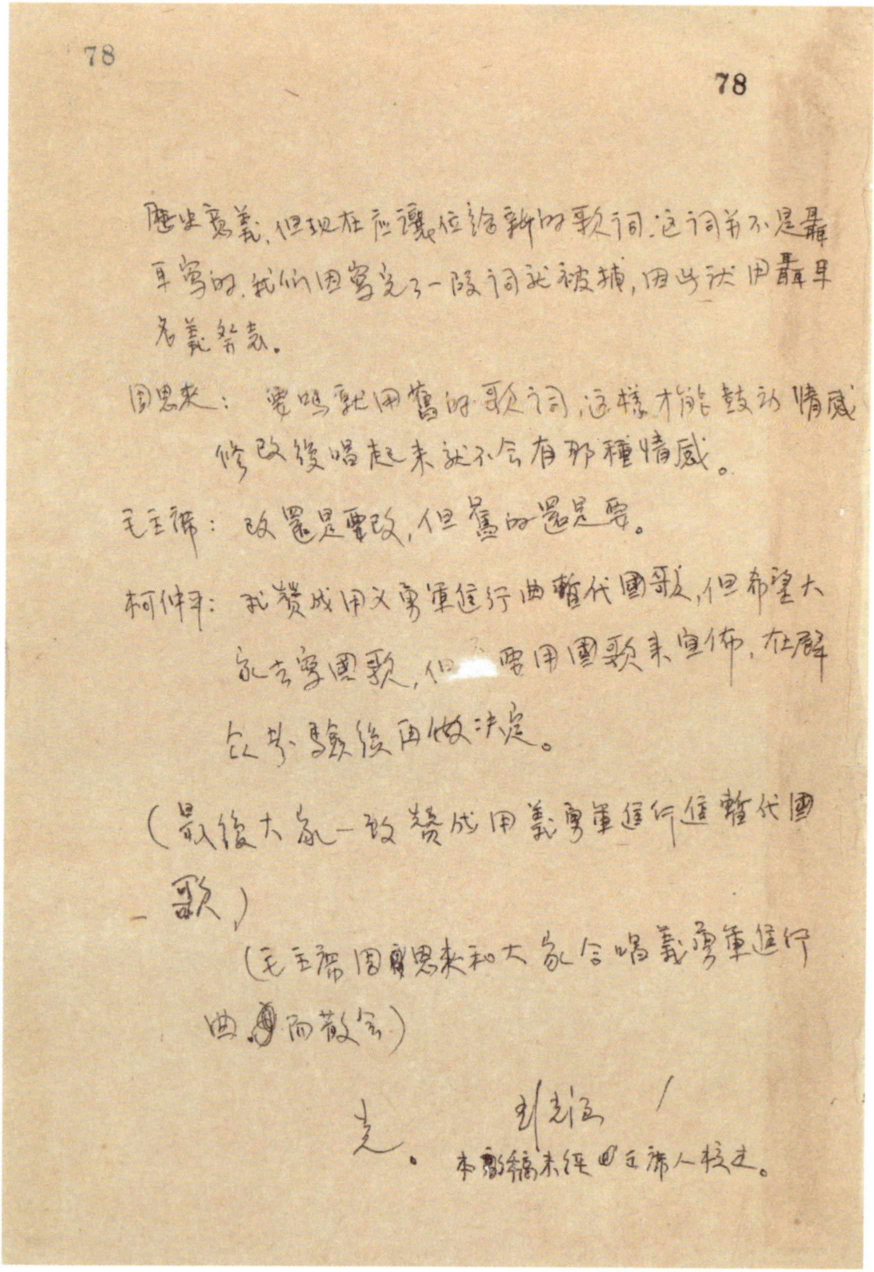

78

78

歷史意義，但現在應讓位給新的歌詞，這詞並不是最早寫的，我們因寫完了一段詞就被捕，因此沒用最早名義發表。

周恩來：要唱就用舊的歌詞，這樣才能鼓動情感，修改後唱起來就不會有那種情感。

毛主席：改還是要改，但舊的還是要。

柯仲平：我贊成用義勇軍進行曲暫代國歌，但希望大家去寫國歌，但要用國歌來宣佈，在群眾考驗後再做決定。

（最後大家一致贊成用義勇軍進行曲暫代國歌）

（毛主席周恩來和大家合唱義勇軍進行曲而散會）

定。彭光涵

本記稿未經毛主席本人校正。

《国旗国徽国歌纪年国都协商会座谈会主要发言摘录》（1949 年 9 月 25 日）

4. 五星红旗的诞生

1949 年 9 月 26 日，国旗国徽国歌国都纪年方案审查委员会召开第一次会议，决定将国旗、国徽、国歌、国都、纪年方案和争论意见上报大会主席团。明确国旗方案“拟采用国旗图案参考资料第三十二号图，并改正其说明：甲、红色象征革命；乙、星象征中国人民革命大团结”。

晚上，毛泽东在中南海勤政殿设宴招待各方面的人士。他拿着放大了的五星红旗图案对大家说：“中国的革命胜利就是在共产党领导下以工、农为基础，团结了小资产阶级、民族资产阶级共同斗争取得的，这是中国革命的历史事实，今后还要共同努力进行社会主义革命。我看这个图案反映了中国革命实际，反映了在中国共产党领导下，中国人民大团结共同进行革命斗争的方向。正如同志们所说的，是比较好的图案。”这时，一位民主人士站起来表示赞同毛泽东的意见，但对国旗说明中的大星、小星的提法提出了异议。毛泽东听后爽快地回答说：“那就不提大星小星，只提五星的互相关系，我看就提在共产党领导下，我国人民的大团结。国旗是不是就选这个图案？”大家立即以热烈的掌声表示赞同。

9 月 27 日，马叙伦代表国旗国徽国歌国都纪年审查委员会向中国人民政治协商会议第一届全体会议作了工作报告。大会通过了中华人民共和国国都、纪年、国歌、国旗的四个决议案。会议确定：“中华人民共和国的国旗为红地五星旗，象征中国革命人民大团结。”

70 多年来，中国人民在中国特色社会主义建设和改革的伟大实践中，不断丰富和赋予着国旗深刻的内涵和无穷的生命力，五星红旗成为广大中华儿女心中永远不落的旗帜。从天安门到边陲哨卡，从火热工地到奥运赛场，从偏僻乡村到繁华都市，从国内到国外，从南极长城站到中国航天空间站……到处都是它的容颜，它是天下最美的一张脸！每天清晨，当鲜艳的五星红旗升起，我们仿佛看到伟大的祖国蒸蒸日上，一步步走向繁荣，通向辉煌！

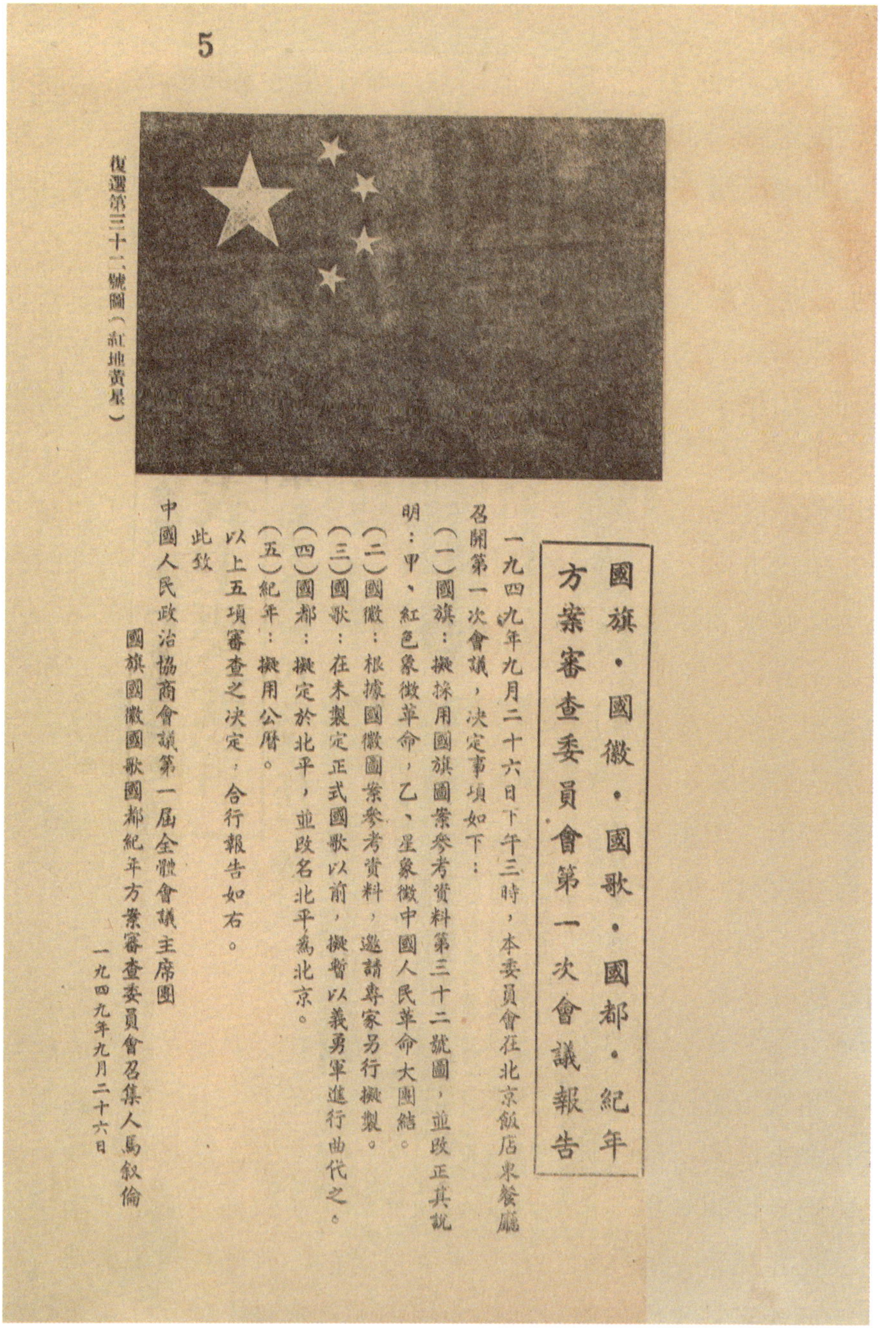

5

國旗·國徽·國歌·國都·紀年
方案審查委員會第一次會議報告

一九四九年九月二十六日下午三時，本委員會在北京飯店東餐廳召開第一次會議，決定事項如下：

(一)國旗：擬採用國旗圖案參考資料第三十二號圖，並改正其說明：甲、紅色象徵革命，乙、星象徵中國人民革命大團結。

(二)國徽：根據國徽圖案參考資料，邀請專家另行擬製。

(三)國歌：在未製定正式國歌以前，擬暫以義勇軍進行曲代之。

(四)國都：擬定於北平，並改名北平為北京。

(五)紀年：擬用公曆。

以上五項審查之決定，合行報告如右。

此致

中國人民政治協商會議第一屆全體會議主席團

國旗國徽國歌國都紀年方案審查委員會召集人馬叙倫

一九四九年九月二十六日

国旗国徽国歌国都纪年方案审查委员会第一次会议报告（1949 年 9 月 26 日）

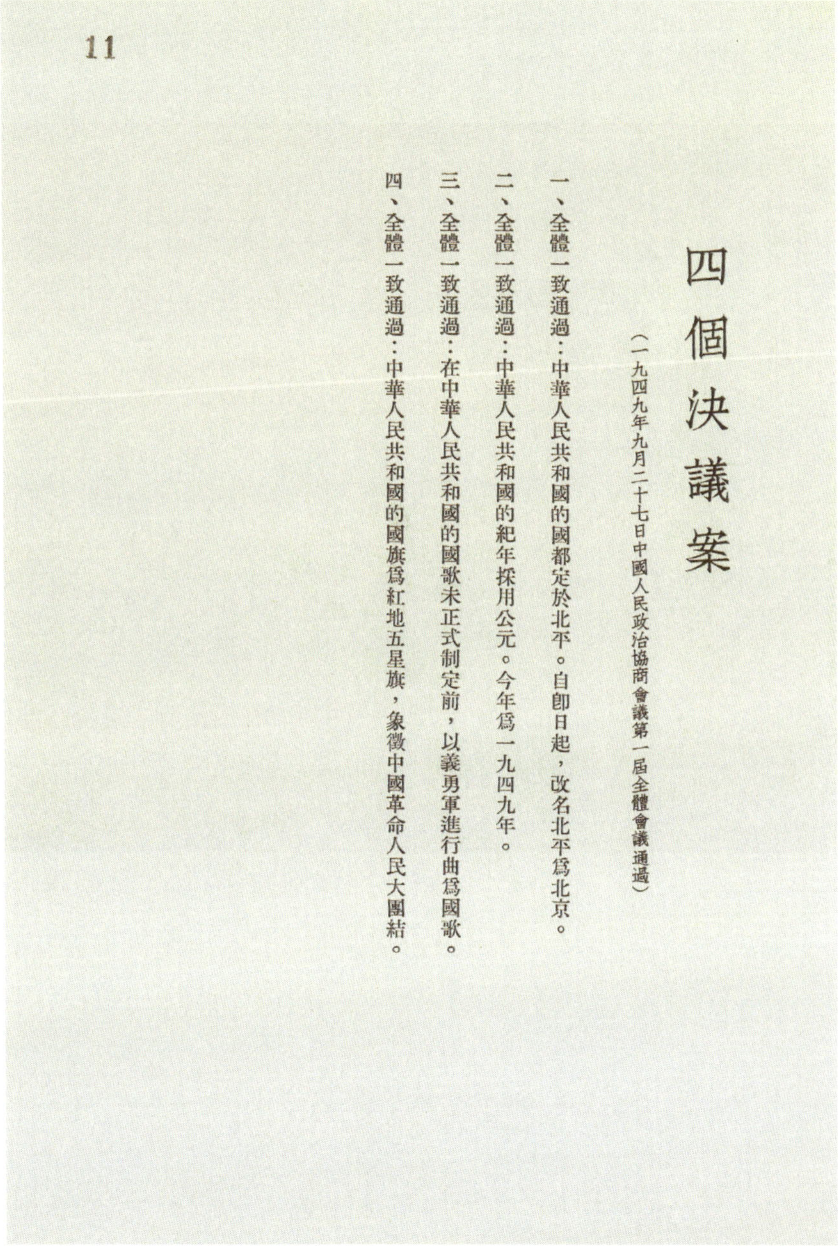

11

四個決議案

（一九四九年九月二十七日中國人民政治協商會議第一屆全體會議通過）

一、全體一致通過：中華人民共和國的國都定於北平。自即日起，改名北平爲北京。

二、全體一致通過：中華人民共和國的紀年採用公元。今年爲一九四九年。

三、全體一致通過：在中華人民共和國的國歌未正式制定前，以義勇軍進行曲爲國歌。

四、全體一致通過：中華人民共和國的國旗爲紅地五星旗，象徵中國革命人民大團結。

四个决议案（1949 年 9 月 27 日）

五星红旗

1949 年 10 月 1 日，中华人民共和国举行开国大典，毛泽东主席在天安门城楼上升起了新中国第一面五星红旗

国歌：把我们的血肉，
筑成我们新的长城

一、社会各界踊跃投稿

1949 年 7 月 15 日，《征求国旗国徽图案及国歌辞谱启事》发布。《启事》对国歌词谱注意事项作了明确规定：（1）中国特征；（2）政权特征；（3）新民主主义；（4）新中国之远景；（5）限用语体，不宜过长。征集活动得到社会广泛关注。一些有创作能力的音乐工作者、业余爱好者，投入极大爱国热情进行创作，发挥聪明才智，把自己对祖国的那份赤诚和热爱，倾注到每一个音符和每一句歌词之中。

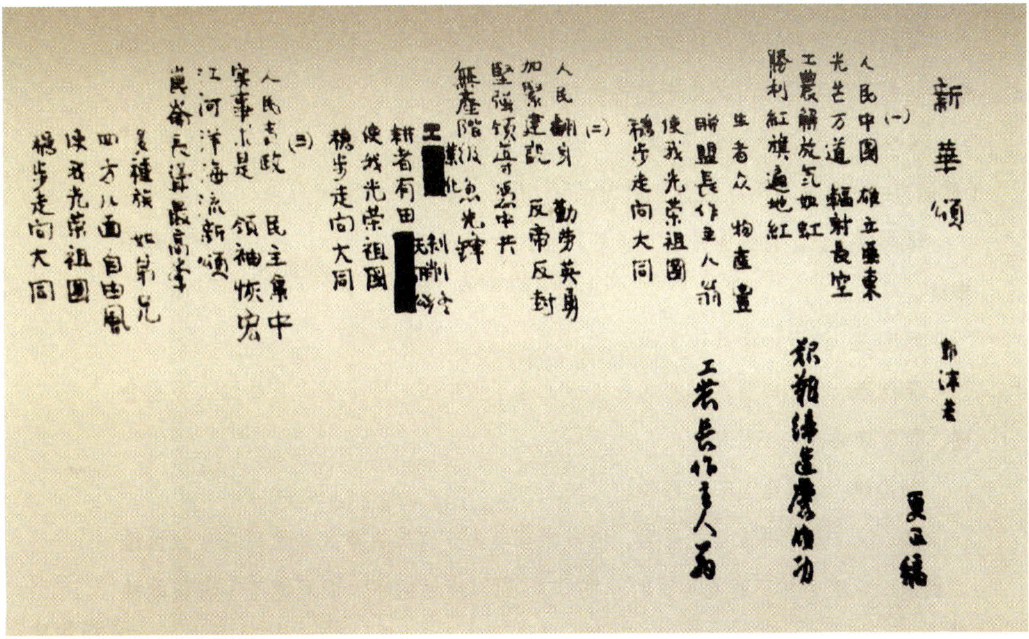

郭沫若创作的《新华颂》

至8月24日止，先后接收到各地国歌歌词投稿632件、歌词694首。投稿者遍及全国各省区，包括尚未解放的地区，也有港澳及海外作者踊跃投稿。投稿者身份包含社会各界，诸如郭沫若、马叙伦、欧阳予倩、冯至、柯仲平等知名人士也都投来稿件。

二、聘请专家进行初选

1949年8月5日，第六小组召开第二次全体会议，会议决定：国歌词谱初选委员会拟聘马思聪、贺绿汀、吕骥、姚锦新四位专家为顾问，对全部应征稿件提出意见，交付有关初选委员会审阅，提供本组全体会议决定。同时，第六小组成员和专家们对国歌歌词认真评选，并组织乐队演奏，但深感效果并不理想。

马思聪（1912—1987）

贺绿汀（1903—1999）

吕骥（1909—2002）

姚锦新（1911—1992）

国歌词谱初选委员会聘请的四位顾问

三、《应征国歌歌词复选集》（一）

1949 年 8 月 24 日，第六小组经过对所有应征到的歌词进行初选、复选等过程，选出其中较好的歌词 13 首，形成《应征国歌歌词复选集》(一)，印出 200 份，以供讨论、确定国歌时参考。

当日第六小组召开的第三次全体会议记录表明：“因复选提出的歌词似尚未臻完善，仍由文艺专家继续拟制。”

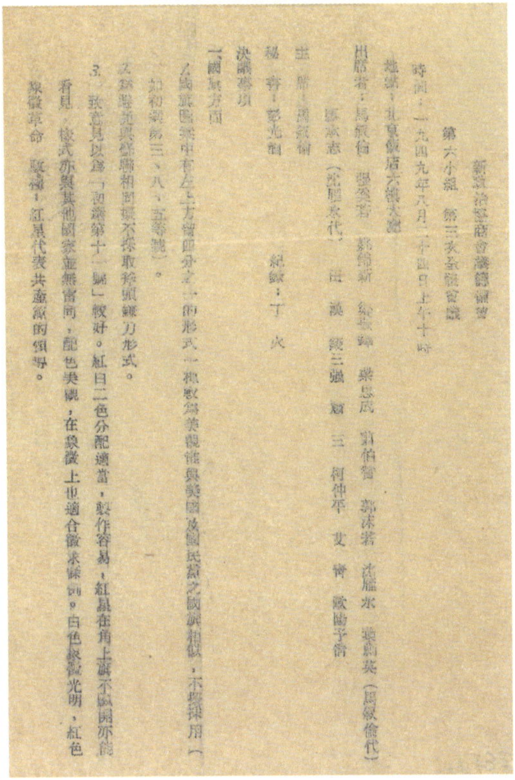
新政治協商會議籌備會
第六小組 第三次全體會議
時間：一九四九年八月二十四日上午十時
地點：北京飯店六號大廳
出席者：馬叙倫 張奚若 [illegible] 鄭振鐸 梁思成 翦伯贊 郭沫若 沈雁冰 葉劍英（馬叙倫代）
廖承志（沈雁冰代） 田漢 錢三強 [illegible] 三 柯仲平 艾青 歐陽予倩
主席：馬叙倫
秘書：彭光涵 紀錄：丁火
決議事項
一、國旗方面
1.國旗圖案中有左上方繪四分之一的形式一種，[illegible]為美觀，惟與美國及國民黨之國旗相似，不擬採用（如初稿第三、八、五等號）。
2.鐮錘與其他聯相間擬不採取錘頭鐮刀形式。
3.多數意見以為「初稿第十一號」較好。紅白二色分配適當，製作容易，紅星在角上，旗不飄開亦能看見，樣式亦與其他國家並無雷同，配色美觀，在象徵上也適合徵求條例。白色象徵光明，紅色象徵革命、鬥爭，紅星代表共產黨的領導。

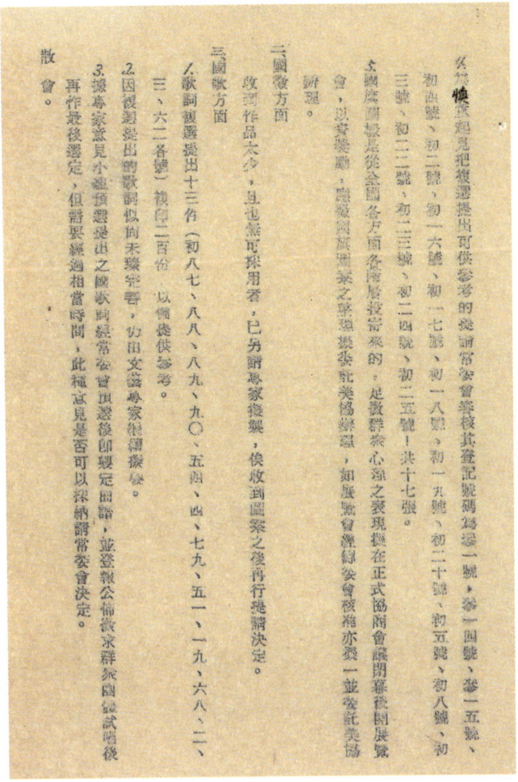
4.[illegible]把複選提出可供參考的幾幅請常委會審核，其登記號碼為：參一四號、參一五號、初四號、初二號、初一六號、初一七號、初一八號、初一九號、初二十號、初五號、初八號、初三號、初二二號、初二三號、初二四號、初二五號，共十七張。
5.國旗圖案是從全國各方面各階層投寄來的，是群眾心理之表現，擬在正式協商會議閉幕後開展覽會，以資獎勵，與發國旗圖案之擬選稿，如展覽會舉行，籌委會擬亦發一並委託美協辦理。
二、國徽方面
收到作品太少，且也無可採用者，已另請專家擬製，俟收到圖案之後再行提請決定。
三、國歌方面
1.歌詞複選提出十三件（初八七、八八、八九、九〇、五四、四、七九、五一、一九、六八、二一三、六二各號）複印二百份，以備提供參考。
2.因複選提出的歌詞似尚未臻完善，仍由文藝專家繼續擬製。
3.擬專家意見小組預選提出之國歌詞經常委會選後即擬定曲譜，並登報公佈徵求群眾團體試唱後再作最後選定，但需要經過相當時間，此種意見是否可以採納請常委會決定。
散會。

新政治协商会议筹备会第六小组第三次全体会议记录（1949年8月24日）

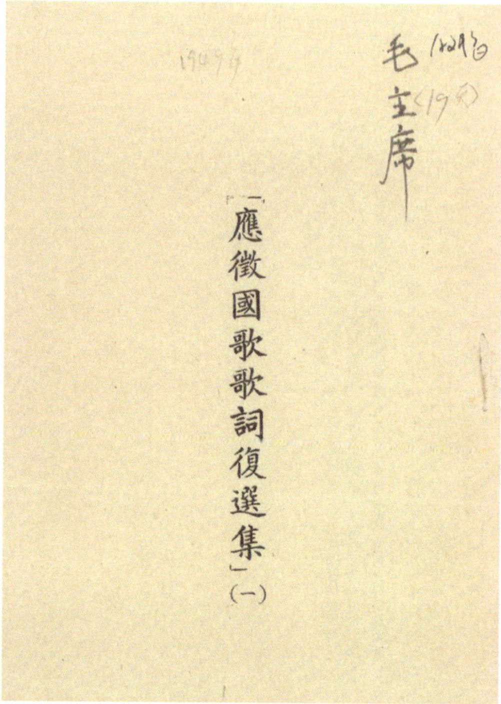

毛主席

「應徵國歌歌詞復選集」

（一）

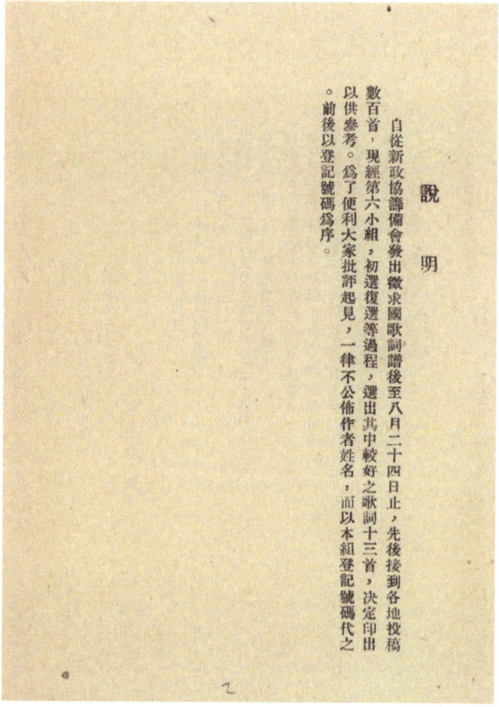

說　明

自從新政協籌備會發出徵求國歌詞譜後至八月二十四日止，先後接到各地投稿數百首，現經第六小組，初選復選等過程，選出其中較好之歌詞十三首，決定印出以供參考。爲了便利大家批評起見，一律不公佈作者姓名，而以本組登記號碼代之。前後以登記號碼爲序。

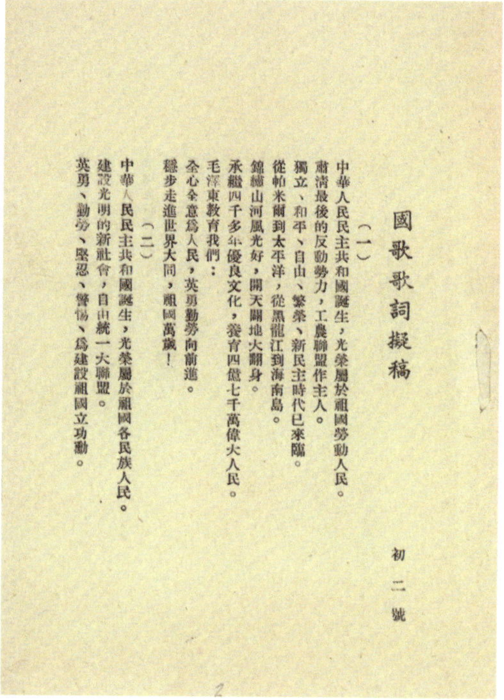

國歌歌詞擬稿

初二號

（一）

中華人民民主共和國誕生，光榮屬於祖國勞動人民。
肅清最後的反動勢力，工農聯盟作主人。
獨立、和平、自由、繁榮、新民主時代巳來臨。
從帕米爾到太平洋，從黑龍江到海南島。
錦繡山河風光好，開天闢地大翻身。
承繼四千多年優良文化，養育四億七千萬偉大人民。
毛澤東教育我們：
全心全意爲人民，英勇勤勞向前進。
穩步走進世界大同，祖國萬歲！

（二）

中華人民民主共和國誕生，光榮屬於祖國各民族人民。
建設光明的新社會，自由統一大聯盟。
英勇、勤勞、堅忍、警惕、爲建設祖國立功勳。

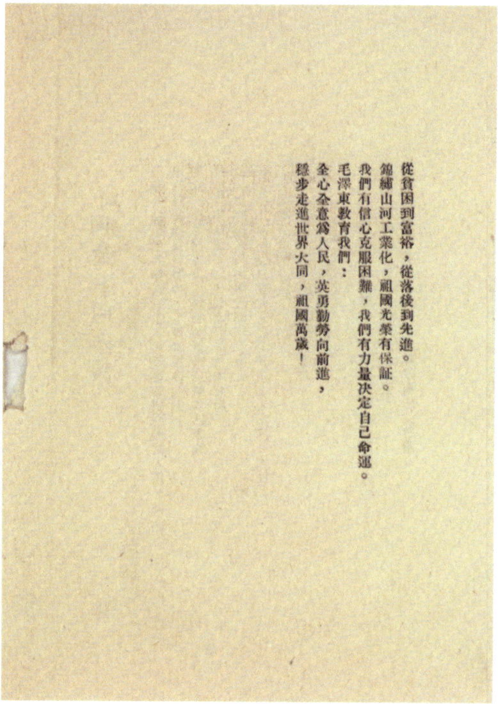

從貧困到富裕，從落後到先進。
錦繡山河工業化，祖國光榮有保証。
我們有信心克服困難，我們有力量決定自己命運。
毛澤東教育我們：
全心全意爲人民，英勇勤勞向前進，
穩步走進世界大同，祖國萬歲！

國歌歌詞擬稿

初三號

（情感莊嚴偉大）

第一節

偉大的中華
人民的中華
從黑暗到光明
戰鬥的紅旗號召前進
萬衆一心，打倒内外敵人
新的中華；永遠　不可　戰勝
萬歲！中華人民共和國
萬歲！中華民族澈底解放，太陽照四方

第二節

偉大的中華
人民的中華
從東方到西方
新民主主義勝利輝煌
工農聯盟，人民民主專政
新的中華；自由　獨立　富强
萬歲！中華人民共和國
萬歲！中華人民英勇勤勞，力量大無窮

第三節

偉大的中華
人民的中華
從今天到明天
毛澤東領導我們前進
英勇奮鬥，向着理想社會
新的中華；和平　幸福　繁榮
萬歲！中華人民共和國
萬歲！人民領袖英明照耀，永遠放光芒

國歌歌詞擬稿

初八十七號

按：應徵國歌歌詞復選集（一）初八十七號作者來函，要求將初八十七號歌詞修正如下，現將修正詞全文登載如下。

編者

（一）

革命的火，越燒越紅。
革命的人民，越來越衆；
毛澤東，毛澤東領導我們燒火又打鐵；
我們勤勞，我們英勇，
中華人民共和國，
是我們鐵打的英雄！

（二）

人民的花，開向太陽，
人民的力量，百煉成鋼，
毛澤東，毛澤東指着我們努力的方向；
我們勤勞，我們英勇，
我們努力建設好，
到社會主義的橋樑！

（三）

我們的國，山高水長，
我們的幸福，萬壽無疆；
毛澤東，毛澤東永遠是我們人民的太陽；
我們勤勞，我們英勇，
我們創造着一切，
要一切創造都成功！

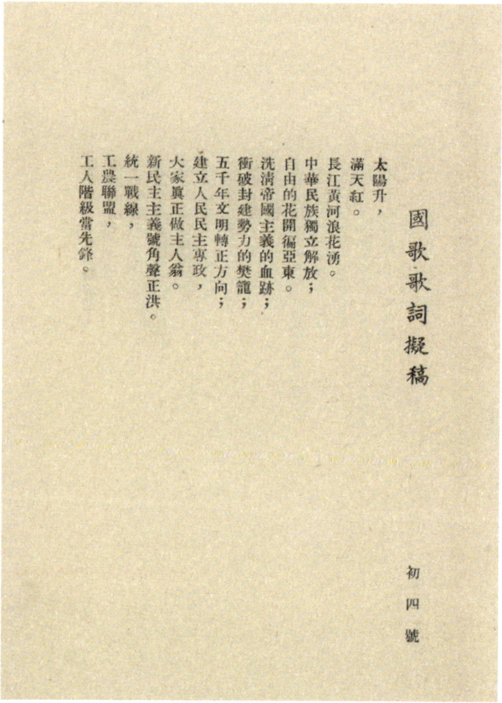

国歌歌詞擬稿

初四號

太陽升，
滿天紅。
長江黃河浪花湧。
中華民族獨立解放；
自由的花開徧亞東。
洗清帝國主義的血跡；
衝破封建勢力的樊籠；
五千年文明轉正方向；
建立人民民主專政，
大家眞正做主人翁。
新民主主義號角聲正洪。
統一戰線，
工農聯盟，
工人階級當先鋒。

從資本、土地分路前進；
消滅剝削，
人人勞動；
展開生產新陣容。
看我們富强康樂，
欣欣向榮，
穩步的走向
社會主義，
共產主義，
世界大同。

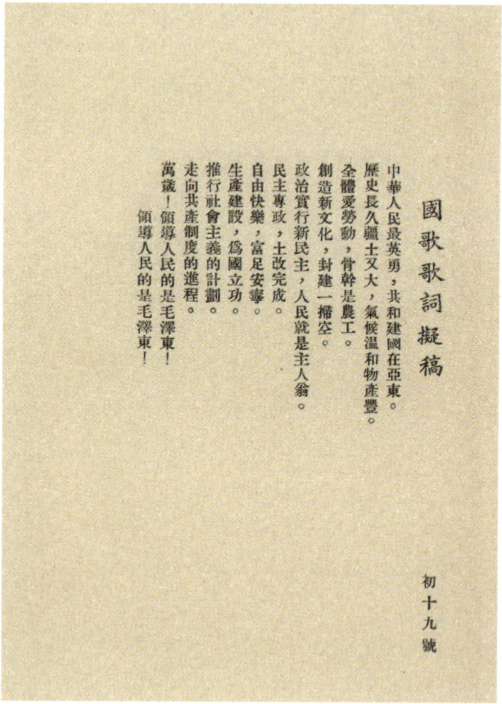

國歌歌詞擬稿

初十九號

中華人民最英勇，共和建國在亞東。
歷史長久疆土又大，氣候溫和物產豐。
全體愛勞動，骨幹是農工。
創造新文化，封建一掃空。
政治實行新民主，人民就是主人翁。
民主專政，土改完成。
自由快樂，富足安寧。
生產建設，爲國立功。
推行社會主義的計劃。
走向共產制度的進程。
萬歲！領導人民的是毛澤東！
　領導人民的是毛澤東！

國歌歌詞擬稿

初五十一號

東方的暗夜破曉，
中華大地一片紅光——
偉大的毛澤東，
偉大的中國共產黨，
創造了這個勝利，
創造了歷史底輝煌。

從黑龍江到南海，
從帕米爾到太平洋，
這片廣表的原野上，
建立了人民底政權，
綠色的牧地，青色的田野，
繁茂的森林，雄偉的工廠，
都是我們自己底財產，

新民主主義的旗幟
在藍色的天空飛揚。

哦，年青的祖國
　年青的祖國多强壯！
哦，年青的祖國
　年青的祖國在歡唱！
我們不停地鬥爭，
我們不息地前進，
擊潰一切黑暗統治，
贏得共產主義的勝利，
贏得全人類底解放！

國歌歌詞擬稿

初五十四號

堂堂！堂堂！
我們親愛的新中國建立在地球的東方。
五千年來的中華民族得到了空前的解放。
堂堂！堂堂！
廣大的工農啊！他們是革命軍的健將，
他們是中華人民民主共和國的朝陽；
我們要隨着他們前進！前進！
齊心發揮革命的力量，永不容許帝國主義，
封建勢力，反動份子，
遺留在這世界之上。
堂堂！堂堂！
誰是革命的前鋒，
中國共產黨新政治，新經濟，新文化，大家努力去發揚。
搞生產，愛和平，成富强。

堂堂！堂堂！
光明前途的展望，我們嶄新的國旗到處飄颺
永遠矗立在地球的東方！東方！

國歌歌詞擬稿

初六十二號

新中國之歌
長夜破曉
太陽昇起東方
新生中國像太陽
昇起永不落
萬世放光芒。
南嶺北嶽
黃水長江
氣象萬千
無盡寶藏
是文明的搖籃
是人類的方向：
封建社會的盡頭
帝國主義的墓場
消滅階級的過渡
大同世界的橋樑；
是人民的祖國
是民主的保障；
四萬萬個心，都仰望
毛澤東同志，中國共產黨
光榮啊，人民交給你
再照耀在我們頭上；
無數工廠，無數農莊
無數的幸福和希望
在我們的土地上成長。
我們，是初昇的太陽；
昇起永不落
萬世放光芒

國歌歌詞擬稿

初六十八號

長江萬里浪滔滔，
錦繡河山，紅光普照！
東方的太陽起來了，
五千年古國在歡笑！
四萬萬同胞一條心，
走上了新民主光明的大道！
人民民主有力量，
新的中國要怒吼！
我們是愛好和平的民族，
一定要把和平的社會創造！

國歌歌詞擬稿

初七十九號

中華大地掀起巨浪，
像黃河奔流，
像長江浩蕩；
斧頭，鐮刀，大鎚開闢四千年的古荒。
啊，
共產黨放紅光！
啊，
工農兵團結强！
摧毀了封建的鐵窗，
衝破了法西斯的圍墻，
獨立、民主、自由、解放，
民主專政，人民作主張。
發揮民族的力量，
建設新民主主義橋樑。
鞏固國內團結，
結合民主聯邦，
自强不息，努力向上；
走向最高社會的前方！

國歌歌詞擬稿

初八十七號

（一）

革命的火，越燒越紅，
革命的人民，越來越衆，
來了我們全中國
工農兵和一切革命的人民大衆；
毛澤東，毛澤東，
毛澤東領導我們人民燒火又打鐵；
我們是鐵打的人民，
中華人民共和國是我們鐵打的英雄！

（二）

建設的火，越燒越亮，
新民主的國家，越富越强，
我們定要建設好
到社會主義與社會大同的鋼鐵橋樑；
毛澤東，毛澤東，
毛澤東指着我們人民前進的方向；
我們是鐵打的人民，
建築起人民鐵橋好到那最幸福的地方！

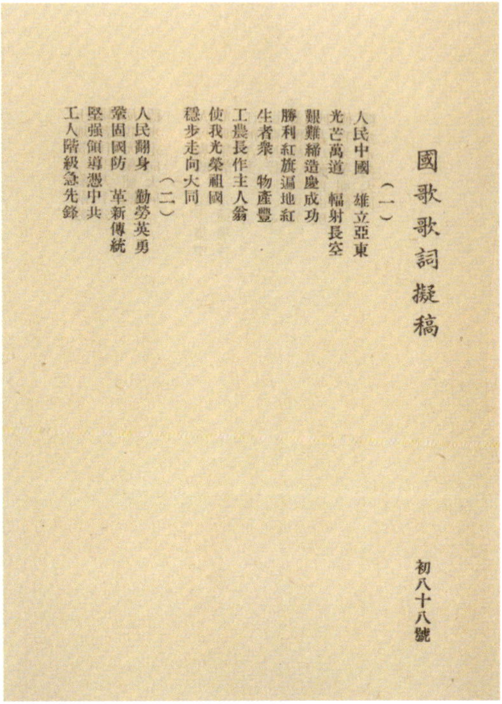

國歌歌詞擬稿

初八十八號

（一）

人民中國　雄立亞東
光芒萬道　幅射長空
艱難締造慶成功
勝利紅旗遍地紅
生者衆　物產豐
工農長作主人翁
使我光榮祖國
穩步走向大同

（二）

人民翻身　勤勞英勇
鞏固國防　革新傳統
堅強領導憑中共
工人階級急先鋒

土地改　剝削終
耕者有田天下公
使我光榮祖國
穩步走向大同

（三）

人民專政　民主集中
光明磊落　領袖雍容
江河洋海流新頌
崐崙長聳最高峯
多種族　如弟兄
四方八面自由風
使我光榮祖國
穩步走向大同

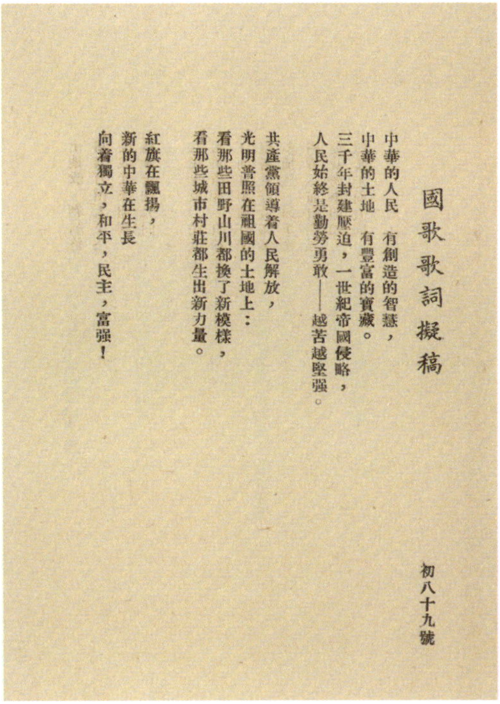

國歌歌詞擬稿

初八十九號

中華的人民　有創造的智慧，
中華的土地　有豐富的寶藏。
三千年封建壓迫，一世紀帝國侵略，
人民始終是勤勞勇敢——越苦越堅强。

共產黨領導着人民解放，
光明普照在祖國的土地上：
看那些田野山川都換了新模樣，
看那些城市村莊都生出新力量。

紅旗在飄揚，
新的中華在生長
向着獨立，和平，民主，富强！

初九十號

國歌歌詞擬稿

（一）

中華！中華！偉大的祖國！可愛的祖國！
我們敬愛你！我們歌頌你！
屹立在日出的東方，
擁着一萬二千萬方里綠茵大地，
是五萬萬（或五億）人民的温牀，五萬萬人民的寶藏。

（二）

五千年優秀的文化是世界的先鋒，
航海的指針是科學的首創，
勤儉、忍耐是我們的特性，
更有同化人的力量和世界大同的理想。

（三）

封建、官僚資本、帝國主義
解不散人民的團結，衝不破革命浪花的蕩漾。
你的美麗、光輝的大旗，
做了人民民主的堡障。

（四）

建設無產階級領導的人民專政，
做亞洲共和國的新榜樣。
聯合平等待我的民族，實現着
無階級的美麗、和平、快樂的景象。
中華！中華！偉大的祖國！可愛的祖國！

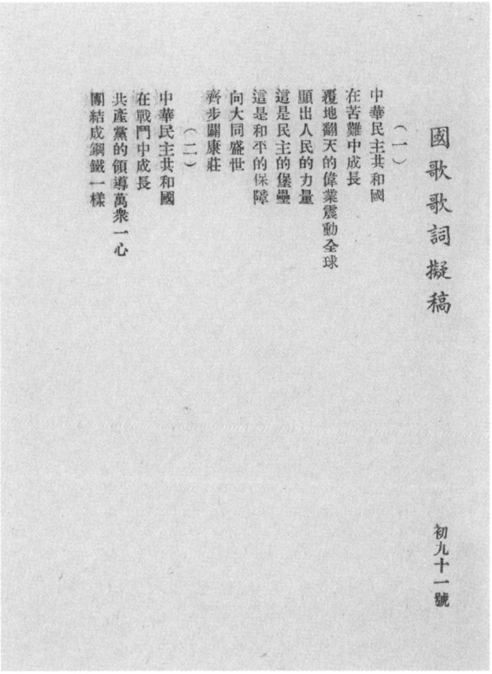

國歌歌詞擬稿

初九十一號

（一）

中華民主共和國
在苦難中成長
覆地翻天的偉業震動全球
顯出人民的力量
這是民主的堡壘
這是和平的保障
向大同盛世
齊步闊康莊

（二）

中華民主共和國
在戰鬥中成長
共產黨的領導萬衆一心
團結成鋼鐵一樣

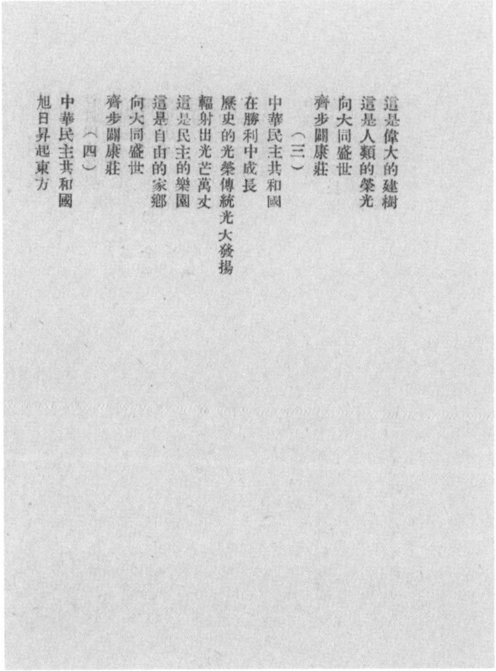

這是偉大的建樹
這是人類的榮光
向大同盛世
齊步闊康莊

（三）

中華民主共和國
在勝利中成長
歷史的光榮傳統光大發揚
輻射出光芒萬丈
這是民主的樂園
這是自由的家鄉
向大同盛世
齊步闊康莊

（四）

中華民主共和國
旭日昇起東方

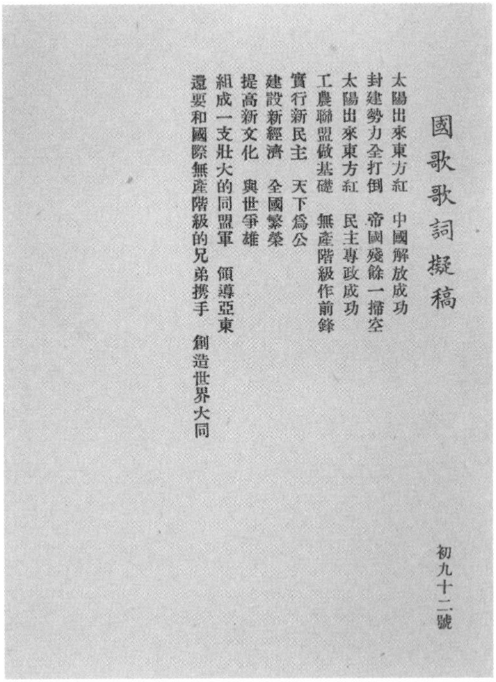

國歌歌詞擬稿

初九十二號

太陽出來東方紅　中國解放成功
封建勢力全打倒　帝國殘餘一掃空
太陽出來東方紅　民主專政成功
工農聯盟做基礎　無產階級作前鋒
實行新民主　天下爲公
建設新經濟　全國繁榮
提高新文化　與世爭雄
組成一支壯大的同盟軍　領導亞東
還要和國際無產階級的兄弟携手　創造世界大同

全世界兄弟姊妹一體勤勞
全人類都得解放
爲着眞理的實現
爲着階級的消亡
向大同盛世
齊步闊康莊

《应征国歌歌词复选集》（一）（1949 年 8 月 24 日）

四、用《义勇军进行曲》暂代国歌

1.《风云儿女》的主题歌，抗日救亡的最强音

《风云儿女》是一部以抗日救亡为主题的电影，反映了国统区知识分子从苦闷、彷徨中勇敢走向抗日前线的故事。

1934 年秋，田汉为该片写了一首长诗，其中最后一节诗稿被选为主题歌的歌词，田汉当时面临国民党反动当局迫害，身处险境，歌词写完后不久，就被国民党当局逮捕入狱。

1935 年 4 月，聂耳完成曲谱的初创，为躲避国民党反动派的追捕出走日本，之后很快将最终谱就的曲子寄回上海。此时，正当日军大举进攻中国，东北沦陷、华北危急，中华民族到了生死存亡的紧急关头。后来聂耳对《风云儿女》的导演许幸之说，他创作这首曲子的时候，眼前仿佛展现出东北义勇军为中华民族的生存浴血奋战的画面，创作的冲动像泉水一般地喷涌而出，简直连写都来不及，两夜工夫就把曲子谱好。

电影《风云儿女》前期拍摄完成以后，田汉的主题歌歌词并没有确定歌名，而聂耳从日本寄回来的歌词曲谱的名称只写了 3 个字“进行曲”。最后又由投资人朱庆澜将军在“进行曲”3 个字前面加上了“义勇军”，从而把该曲命名为“义勇军进行曲”。

1935 年 5 月 24 日，电影《风云儿女》上映，该曲作为该片主题歌在影片片头、片尾播放。6 月 1 日，歌谱在《电通画报》（半月刊）第二期上刊登。

《义勇军进行曲》成为代表中国人民抗战的最强音，如同嘹亮的号角、

激越的战鼓，激励着无数的中华儿女奔赴抗日战场；随着世界反法西斯战争的推进，它在全世界传播，享誉国际。著名音乐教育家、画家丰子恺先生在《谈抗战歌曲》一文中说："连荒山中的三家村里，也有'起来，起来''前进，前进'的声音出自村夫牧童之口"；著名教育家陶行知先生说曾经在埃及的金字塔下边听到有人唱《义勇军进行曲》；著名建筑学家梁思成先生在美国讲学期间听到小孩吹口哨，吹的也是《义勇军进行曲》。1940 年美国著名黑人歌唱家保罗·罗伯逊在纽约演唱了这首歌，接着他又灌制了一套名为《起来》的中国革命歌曲唱片。宋庆龄为这套唱片撰写了序言。第二次世界大战期间，印度、英国、美国的广播电台经常播放这首歌。战争胜利前夕，美国就将《义勇军进行曲》同贝多芬、柴可夫斯基、斯美塔那、肖斯塔柯维奇等世界著名作曲家的作品一道，选为《盟军胜利凯旋之歌》的音乐曲目之一。

田汉（右）与聂耳摄于上海（1934 年）

2. 要么就用旧的歌词，这样才能鼓动情感

1949年9月25日，在中南海丰泽园召开的座谈会上，讨论了国旗、国徽、国歌、纪年和国都等诸多议题。在国歌问题上，鉴于新政府成立在即，而国歌一时又制作不出来的现实，与会者一致的意见是可用《义勇军进行曲》暂代国歌，不同意见是歌词要不要修改的问题。座谈会发言摘录如下。

马叙伦：我们政府就要成立，而国歌根据目前情况一下子还制不出来，是否我们可暂时用义勇军进行曲暂代国歌。

×××：曲子是很好，但词中有“中华民族到了最后关头”（原词为“中华民族到了最危险的时候”）不妥。最好词修改一下。

梁思成：我觉得该曲是历史性的产物，为保持她的完整性，我主张曲词都不修改。

徐悲鸿：该进行曲只能暂代国歌。

郭沫若：我赞成暂用她当国歌。因为她不但中国人民会唱而且外国人民也会唱，但歌词修改一下好些。

黄炎培：我觉得词不改好些。

田　汉：我觉得该曲是好的，但歌词在过去它有历史意义，但现在应让位给新的歌词。这词并不是聂耳写的，我们（“们”应为衍字）因写完了一段词就被捕，因此就用聂耳名义发表。

周恩来：要吗（么）就用旧的歌词，这样才能鼓动情感，修改后唱起来就不会有那种情感。

毛泽东：改还是要改，但旧的还是要。

柯仲平：我赞成用义勇军进行曲暂代国歌。

听了大家的讨论，刚从国外回来的宗教界代表刘良模说：“《义勇军进行曲》产生于抗战时期，唤起民众向日本侵略者进行了保卫祖国的神圣战斗。此外，这首歌在国际上也有它的地位。我在美国时，一次同美国

最勇敢的黑人歌手罗伯逊见面，他对我说，他爱唱《义勇军进行曲》。他还问我，这是不是你们的国歌……这样看，《义勇军进行曲》在国际上确已建立起伟大的地位。从一支歌曲本身来讲，好不好不能单靠几位专家评判，而是需要广大人民评判。《义勇军进行曲》在国内外人民中获得了一致颂扬，所以根据它自身的价值，也应采用作国歌。”

最后大家一致赞成用《义勇军进行曲》暂代国歌。毛泽东、周恩来和大家合唱《义勇军进行曲》，会议在歌声中结束。

五、国歌的确定

1949 年 9 月 27 日，在中国人民政治协商会议第一届全体会议上通过的四个决议案中，确定："在中华人民共和国的国歌未正式制定前，以义勇军进行曲为国歌。"29 日，《人民日报》在刊登国旗图案、《国旗制法说明》的同时，刊登了《义勇军进行曲》词曲。10 月 1 日，中华人民共和国开国大典在天安门广场举行。随着新中国第一面五星红旗冉冉升起，庄严雄壮的《义勇军进行曲》响彻广场上空。

1949 年 11 月 15 日《人民日报》刊文，对采用《义勇军进行曲》为国歌作出如下说明：

> 义勇军进行曲是十余年来在中国广大人民的革命斗争中最流行的歌曲，已经具有历史意义。采用义勇军进行曲为中华人民共和国现时的国歌而不加修改，是为了唤起人民回想祖国创造过程中的艰难忧患，鼓舞人民发扬反抗帝国主义侵略的爱国热情，把革命进行到底。这与苏联人民曾在长期间以国际歌为国歌，法国人民今天仍以马赛曲为国歌的作用是一样的。

"起来！不愿做奴隶的人们！把我们的血肉，筑成我们新的长城！"铿锵嘹亮的《义勇军进行曲》，将永远激励着人们不忘中华民族曾经遭受的苦难与耻辱，任重道远，负重前行！以实际行动，为中华民族伟大复兴努力奋斗！

> 起来！
> 不愿做奴隶的人们！
> 把我们的血肉，筑成我们新的长城！

……

我们万众一心，

冒着敌人的炮火，前进！

冒着敌人的炮火，前进！前进！前进！进！

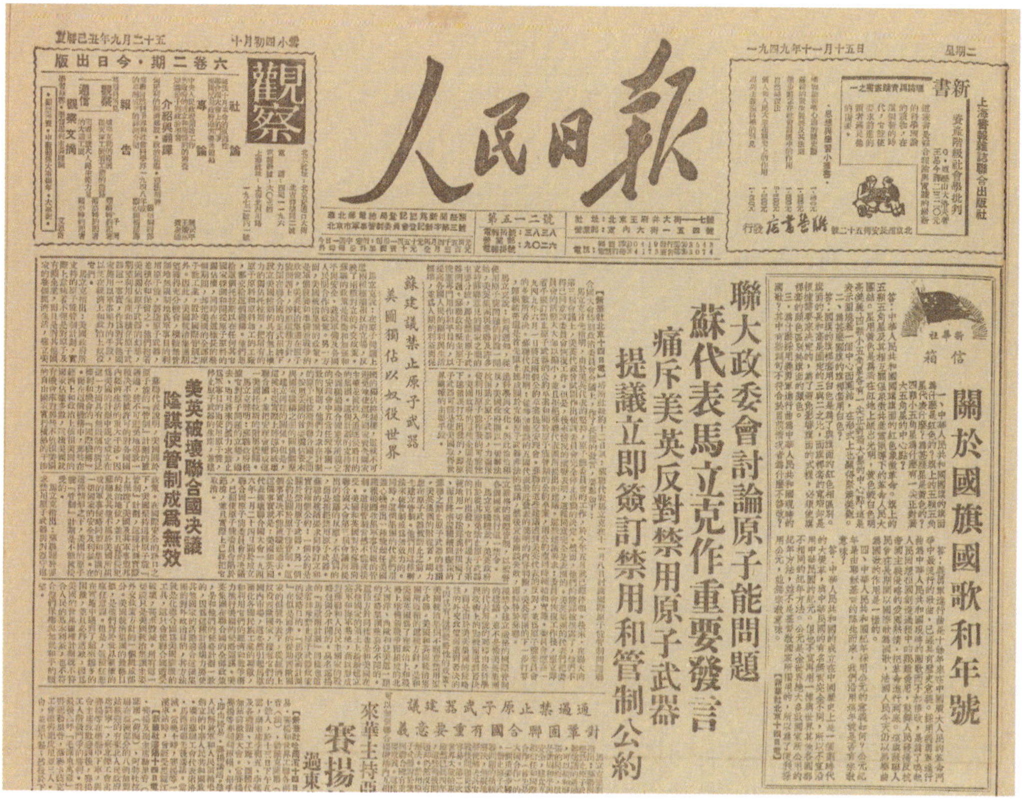

人民日報

一九四九年十一月十五日 星期二

觀察 六卷二期·今日出版

關於國旗國歌和年號

信箱 新華社

聯大政委會討論原子能問題
蘇代表馬立克作重要發言
痛斥美英反對禁用原子武器
提議立即簽訂禁用和管制公約

蘇建議禁止原子武器
美國獨佔以奴役世界

美英破壞聯合國決議
陰謀使管制成爲無效

通過禁止原子武器建議
對聯合國有重要意義

1949 年 11 月 15 日《人民日报》

中华人民共和国国歌定稿（中央档案馆藏）

国徽：庄严而美丽的国家象征

一、“国徽是否可慢一点决定”

中华人民共和国国徽的制定，经历了一个漫长的过程。从 1949 年 6 月 15 日新政治协商会议筹备会召开时开始酝酿，到 1950 年 9 月 20 日毛泽东签发中华人民共和国国徽图案的命令，时间长达 1 年 3 个月。

1949 年 7 月 15 日，《征求国旗国徽图案及国歌辞谱启事》发布，对国徽设计提出的具体要求是：（甲）中国特色；（乙）政权特色；（丙）形式需庄严富丽。社会各界纷纷投稿，但在所征集的来稿中，有关国徽的最少：设计稿 112 件、图案 900 件。

1949 年 8 月 5 日，负责国旗、国徽、国歌方案征集工作的第六小组全体成员在北京饭店召开会议。会上，第六小组组长马叙伦对征集的稿件情况作了说明。

马叙伦说：

> 国旗国徽投稿中大部分是意见式的略图，除个别外，都没有精细的图案……
>
> 关于国徽，投稿者都误为国标，因此，所有投稿者都绘有与国旗一样之国标为国徽，真正符合我们所征求之国徽标准“富丽堂皇者”还没有。
>
> 现在第一件事关于请专家，上次只是提出的，不过没有决定，现在决定一下。
>
> 我们今天就算第一次审查，把选出这些给专家们看，再把我们的意思综合告诉给他们。

田汉接着说：

> 我以为我们应慎重一下，刚才我就没有参加挑选，各方面的投

稿很多，这种动机是好的，我们看完后应全部请专家们看看，征求他们意见后，再拿给我们看，如此反复，就慎重多了。

彭光涵进一步提出：

也可请专家根据我们的意见重新设计出图案来。

马叙伦表示赞同地说：

这办法也好，把我们的意思交给他们。

为了使评选工作更具权威性，会议决定，聘请徐悲鸿、梁思成、艾青三位专家为顾问，参加国徽设计稿的审查工作。

8月16日至20日，第六小组在北京饭店413会客室特设临时选阅室，将所有应征来稿集中陈列，进行初步审查挑选。

8月22日，初选委员会经过认真比较，筛选出四幅国徽图案，提交全组选阅。经讨论，大家对初选的四幅图案仍然不满意。

8月24日，第六小组在北京饭店六楼大厅召开第三次会议，继续讨论国徽的设计。会上马叙伦就前一段时间的工作做了总结。他说："我们所拟的是国旗、国徽、国歌三件东西。从征求条例发表后期限二十天收齐，到本月二十日截止了。""我们收到这些东西以后开过两次非正式的座谈会。""国徽问题只能提出参考，不能决定。"

最后会议决议，国徽方面"收到作品太少，且也无可采用者，已另请专家拟制，俟收到图案之后再行提请决定。"

9月21日，马叙伦代表第六小组向全国政协一届大会主席团作了国旗、国徽、国歌拟制情况的报告。他说："第六小组全组成员及参加两个评选委员会的专家们，经过多次讨论，反复审阅，一致认为：国徽图案的投稿大多数不合体制，因为应征者多把国徽想象作普通的证章或纪念章。合于国徽体制的来稿，其中又有图案意味太重，过于纤巧的。比较可供参考采择者，仅四五式。"

全体代表经过认真审议，没有通过第六小组选出的国徽图案。大会主席团决定召开一次协商座谈会，专门讨论这一问题。

9月25日，毛泽东、周恩来主持丰泽园座谈会。对于国徽方案，洪深、郭沫若、梁思成、马叙伦、徐悲鸿、张奚若等先后发言，与会者意见很不统一。毛泽东听着大家发言，感到一时拿出国徽方案很困难，为慎重起见，考虑往后拖一拖，于是说："国旗决定，国徽是否可慢一点决定，等将来交给政府去决定。"还说："原小组还继续存在，再去设计。"

这样，马叙伦、沈雁冰领导的原第六小组成员组成国徽组和国徽审查小组，继续承担拟制任务；并邀请清华大学营建学系梁思成、林徽因、莫宗江等组成的设计小组和中央美术学院张仃、张光宇等组成的设计小组，负责国徽的设计工作。

此时，中华人民共和国成立日期临近，国徽没能设计出来，无法在开国大典上悬挂，这不能不说是一件憾事。

梁思成（1901—1972）

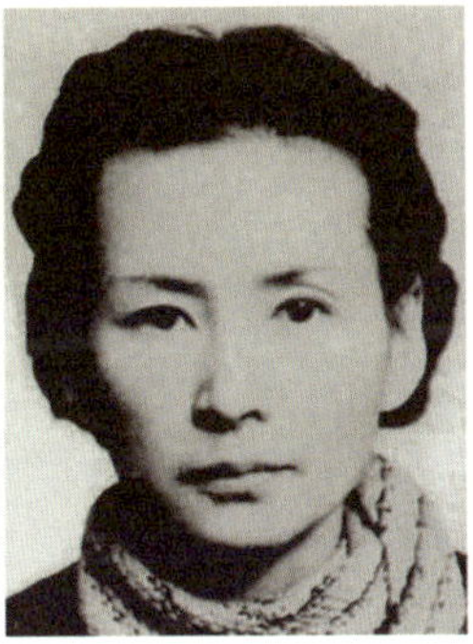
林徽因（1904—1955）

莫宗江（1916—1999）

邓以蛰（1892—1973）

王逊（1915—1969）

高庄（1905—1986）

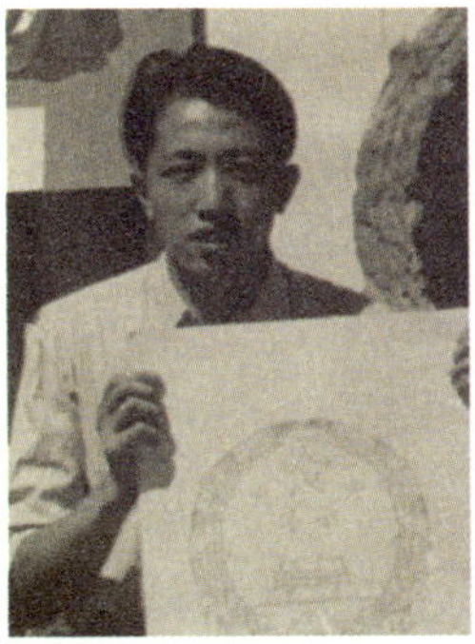
朱畅中（1921—1998）

胡允敬（1921—2008）

张昌龄（1921— ）

李宗津（1916—1977）

汪国瑜（1919—2010）

罗哲文（1924—2012）

清华大学营建学系国徽设计组主要成员

张仃（1917—2010）

张光宇（1900—1965）

周令钊（1919— ）

钟灵（1921—2007）

中央美院国徽设计组主要成员

二、国徽工作筹备已久，希望在政协一届二次会议上得到解决

1. 来自两个小组的最初设计

1949 年 9、10 月间，两个设计小组共提供了三种国徽设计样式，共计 7 个图案。

第一种：9 月 25 日，中央美院张仃和钟灵等提供的 5 幅国徽应征图案。与现今政协会徽相似，由地球、国名、五星、齿轮和谷穗组成。

张仃、钟灵等人提交的国徽设计图案

张仃等设计的国徽图案

第二种：丰泽园座谈会之后，张仃等设计的以天安门为主要内容的国徽设计图案，内用天安门城楼斜透视，外圈仍为与政协会徽类似的齿轮。

清华大学营建学系国徽设计组设计的国徽图案

第三种：10月23日，清华大学营建学系林徽因、莫宗江等提交的国徽图案。以大孔玉璧为主体，由国名、五星、齿轮、嘉禾组成，颜色用金、玉、红三色。整体图案组织成汉镜的样式。璧（或瑗）象征统一，玉象征和平，红色象征革命，齿轮嘉禾代表工、农，红绶穿过小瑗的孔形成一个结象征革命人民大团结……

1950年6月1日，马叙伦向全国政协常委会报告小组的工作情况，谈到国徽图案设计时称：

现在国旗、国徽、国歌、国都、纪年方案审查委员会又据专家参考原来选出比较可供选择的五种国徽图案，另外拟制了两种：其中一种仍然取法原来五种的造意，而于形式上略加变更；另外一种则造意略有不同，着重于中国民族形式的表现。现在将这两种新拟的图案连同原有的五种一并送请审核，并请提出全国委员会全体会议作最后的决定。

6月10日，全国政协一届常委会召开会议，明确“关于国徽修正案项，会议决定国徽小组讨论并由梁思成设计修改。”同时会议确定国徽设计要采用天安门。最初的三种国徽设计样式均未被认可。

2. 梁思成：“采取用天安门式不是一种最好的方法”

1950年6月11日，马叙伦在全国政协主持召开国徽组会议，沈雁冰、张仃、张奚若、梁思成、张光彦（记录如此，疑为张光宇）出席。会议围绕国徽中是否使用天安门图形，要不要写“中华人民共和国”国名等问题展开了热烈讨论。

马叙伦开始便说：

关于国徽这件工作我们筹备时间已相当长久，曾交大会审查未获得适当解决，我想在这次中国人民政治协商会议第一届全国委员会第二次会议能获得解决的，不过前经第五次常务委员会议议决采取国徽为天安门图案……

梁思成对以天安门为主体设计国徽提出异议：

我觉得一个国徽并非是一张图画，亦不是画一个万里长城、天安门等图式便算完事，其主要的是表示民族传统精神……采取用天安门式不是一种最好的方法。最好的是要用传统精神或象征东西来表现的。同时在图案处理上感觉有点不满意，即是看起来好像一个商标，颜色太热闹、庸俗，没有庄严的色彩。

张奚若则表示：

昨天我参加第五次常务会议……我个人感觉用天安门是可以的。从其内容上来说，它代表中国五四革命运动的意义，同时亦代表中华人民共和国诞生地。

沈雁冰也说：

我对采取天安门图形表示同意，因为他（它）是代表中国五四运动与新中国诞生之地，以及每次大会都在那里召集的。最好里边不要写“中华人民共和国”几个字，看起来有点太傻了。

会议原则上通过天安门图形。

会后，周恩来亲自约请梁思成，让他在清华大学组织教师，按政协常委会提出的要求进行修改，并提出国徽图案中一定要有天安门图像。

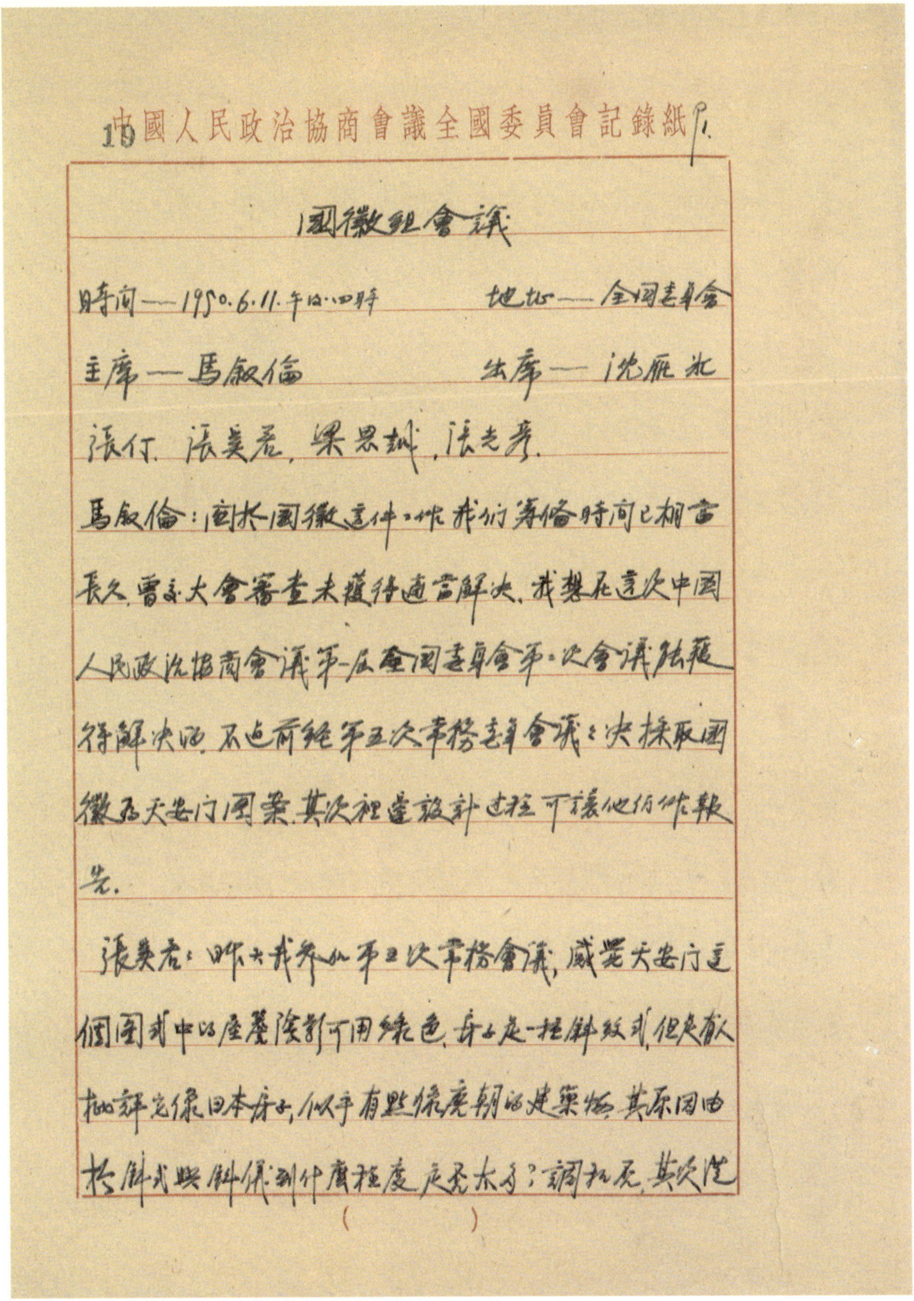

19　中國人民政治協商會議全國委員會記錄紙　1.

國徽組會議

時间——1950.6.11.午后四時　　地址——全国委員會

主席——馬叙倫　　出席——沈雁冰

張仃、張奚若、梁思成、張光宇

馬叙倫：関于国徽這件工作，我们筹備時间已相當長久，曾交大會審查未獲得適當解决，我想在這次中国人民政治協商會議第一届全国委員會第二次會議能獲得解決的。不过前經第五次常務委員會議議决採取国徽為天安门图案，其次[illegible]設計过程可讓他们作報告。

張奚若：昨天我参加第五次常務會議，感覺天安门這個图式中的屋簷部分用綠色，并且是一種斜放式，但是有人批評它像日本房子，似乎有點像唐朝的建築物，其原因由于斜式與斜偏到什麼程度，是否太多？調和点，其次從

（　　　）

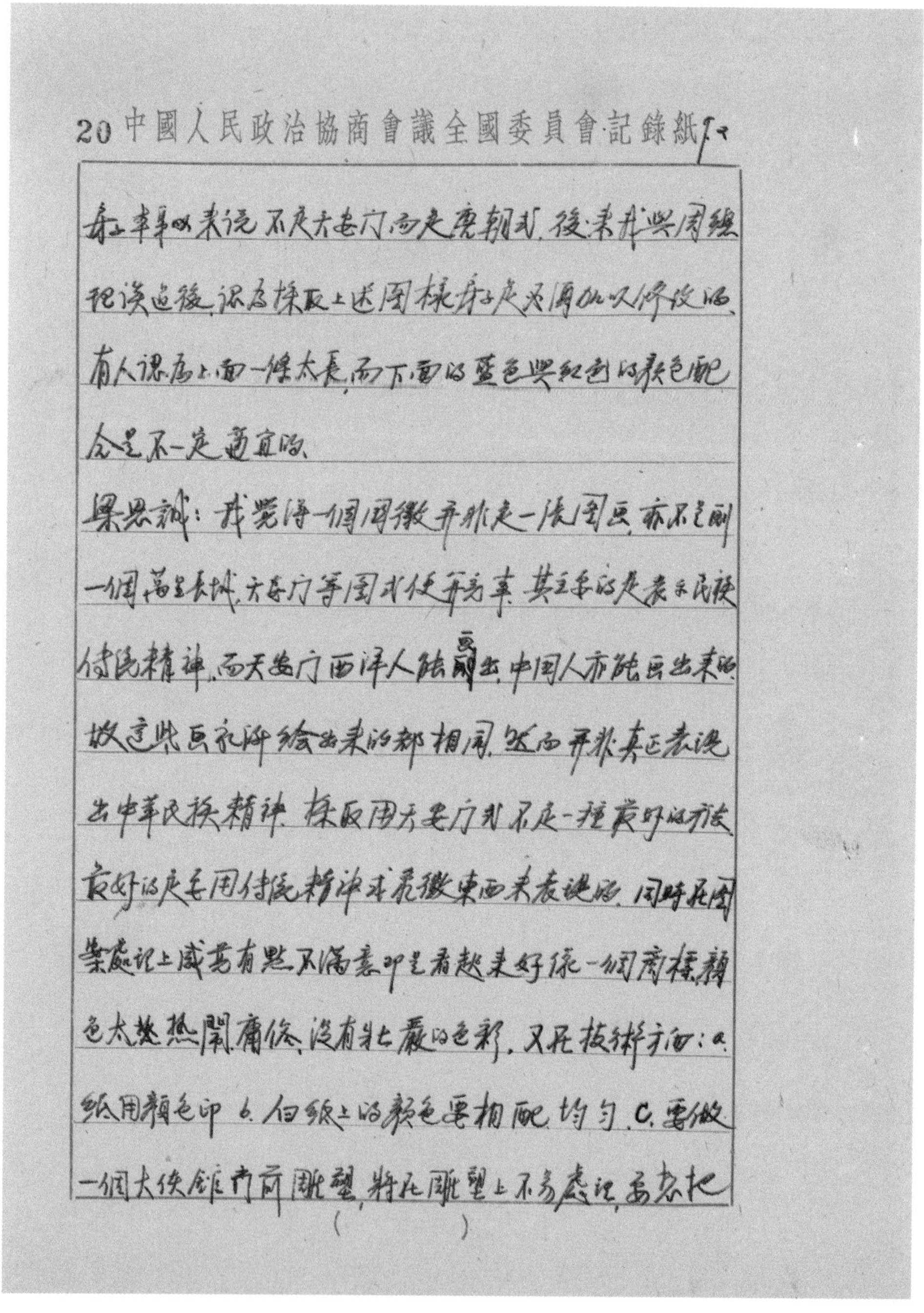

20 中國人民政治協商會議全國委員會記錄紙 7

第二革命以來說不是天安門而是廣朝式，後來我與周總理談過後，認為採取上述圖樣是必須加以修改的。有人認為上面一條太長，而下面的藍色與紅色的顏色配合是不一定適宜的。

梁思誠：我覺得一個國徽并非是一張圖畫，亦不是一個萬里長城、天安門等圖形便算了事，其主要的是表示民族傳統精神。而天安門西洋人能畫出，中國人亦能畫出來的，故這些畫所繪出來的都相同，然而并非真正表現出中華民族精神。採取用天安門也不是一種最好的方法。最好的是采用傳統精神或象徵東西來表現的。同時在圖案處理上感覺有點不滿意，即是看起來好像一個商標，顏色太熱鬧、庸俗，沒有壯嚴的色彩。又在技術方面：a. 紙用顏色印；b. 白紙上的顏色要相配均勻；c. 要做一個大模範前雕塑，將在雕塑上不分處理，而忽把

（　　）

中國人民政治協商會議全國委員會記錄紙

21

國徽上每種顏色形狀表現出來是不容易的，但這個國徽將來對於雕刻者是一個艱巨工作。由於以上這幾點意見，贊成這次通過決議案(本案方為中華人民共和國國徽)的國徽圖形上修改的意見。

張奚若：我今天所談的僅把設計過程談一談。我個人感覺用天安門是可以的，從其內容上來說：它代表中國五四革命運動的發源地，同時亦代表中華人民共和國誕生地。其次在顏色上曾改變過許多次，採取地球形狀是受到顏色的限制。據過往上講，大的顏色是應用純青色，盡量使顏色調和，不使它過於太濃太低，可能範圍內要用強烈的顏色，蘇聯及東歐各新民主主義國家都是這樣的。要做到相當的調和確是一件困難事，例如一個畫家要繪畫一個人，想把其全部畫出來的都是不可能的，我們以後的雕塑亦是這樣的，同時

( )

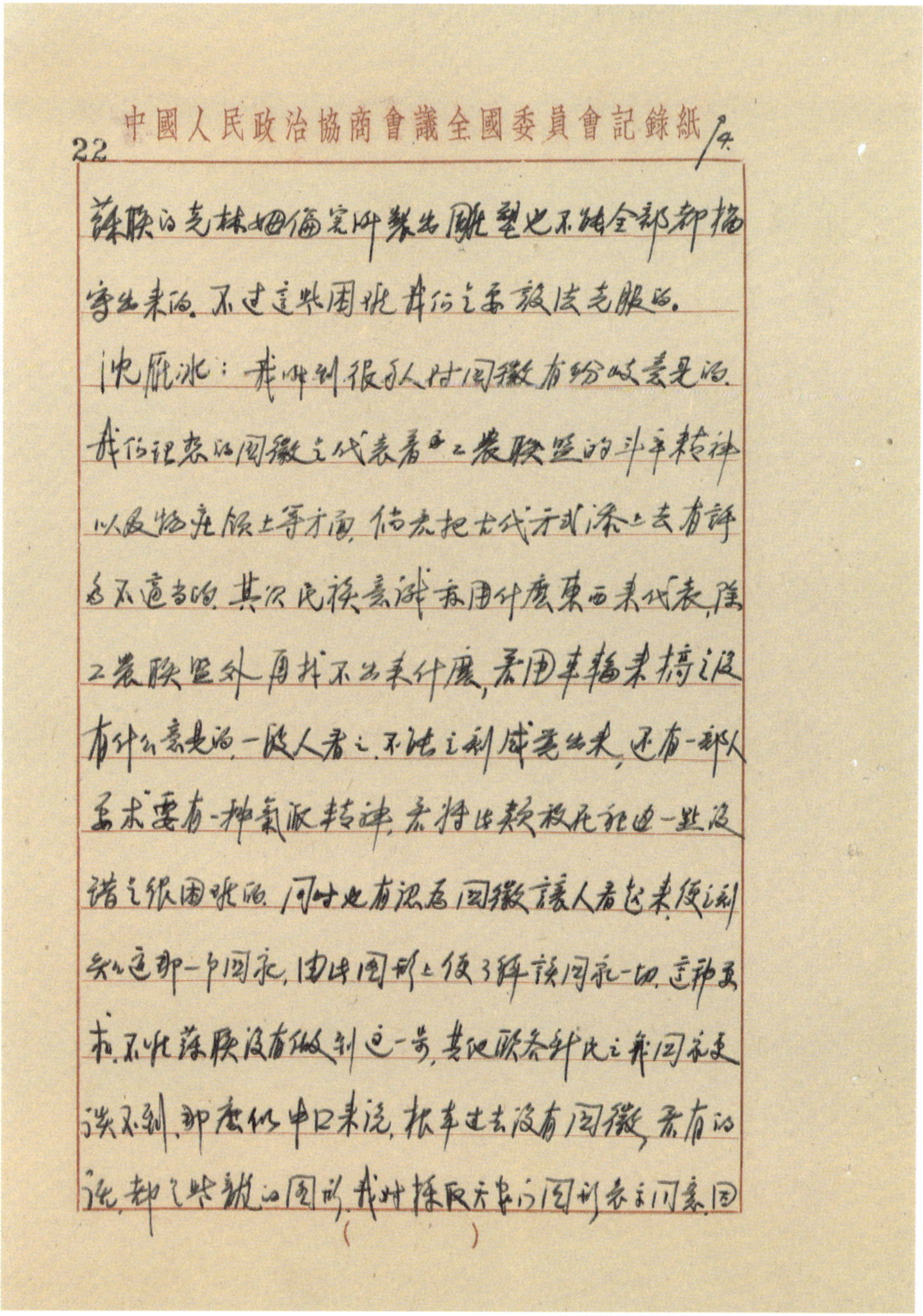

22 中國人民政治協商會議全國委員會記錄紙 14

苏联的克林姆倫宫所发出图案也不能全部都描
写出来的。不过这些困难我们是要设法克服的。
沈雁冰：我以为很多人对国徽有纷歧意见的，
我们理想的国徽是代表着工农联盟的斗争精神
以及坚强领导等方面，但若把古代方式添上去有许
多不适当的。其次民族意识要用什么东西来代表，除
工农联盟外再找不出来什么，若用车轮来搞就没
有什么意义的，一般人看了不能了解或感觉出来，还有一部人
要求要有一种气派精神，若将比较板死的一些设
计是很困难的。同时也有认为国徽让人看起来便能
知道那一个国家，由此图形上便了解该国家一切，这种要
求，不但苏联没有做到这一步，其他欧洲各民主国家更
谈不到，那么从中国来说，根本过去没有国徽，若有的
话，都是些虚饰的图形。我以为采取天安门图形表示国家。
(　　　)

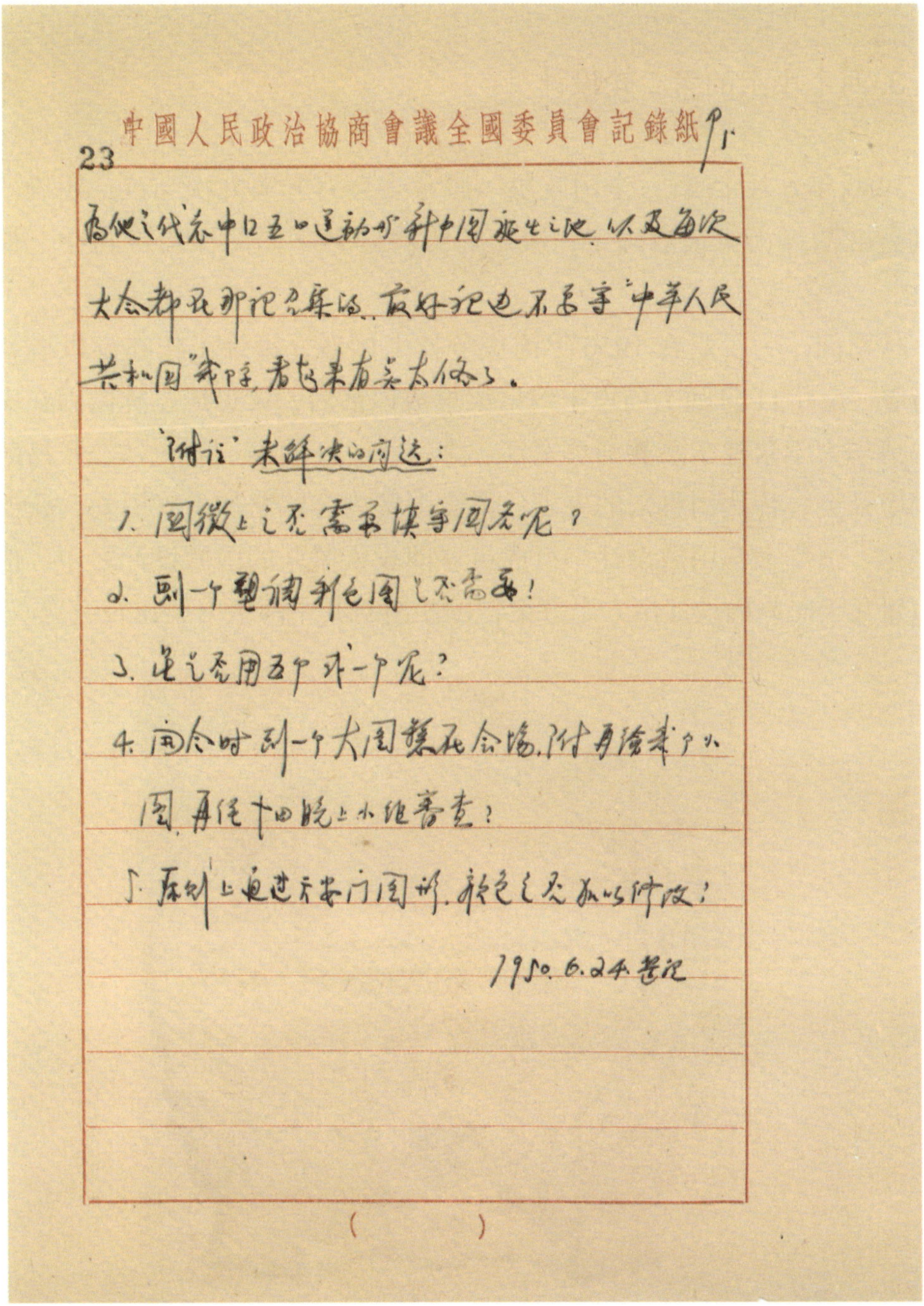

中國人民政治協商會議全國委員會記錄紙

23

为他之代表中国五四运动以新中国诞生之地，以及每次大会都在那里召开的。最好把也不要写"中华人民共和国"几个字，看起来有点太像了。

"附注"未解决的问题：

1. 国徽上是否需要填写国名呢？
2. 另一个塑制彩色图是否需要！
3. 是否采用五个或一个呢？
4. 开会时另一个大图摆在会场，附有绘成小图，再经十四晚上小组审查？
5. 原则上通过天安门图形，颜色是否加以修改？

1950.6.24 整记

全国政协国徽组关于国徽图案设计会议记录（1950 年 6 月 11 日）

3. 两个小组的第二轮设计

1950 年 6 月 13 日，全国政协一届常委会召开第九次会议，明确“国徽问题，图样尚未最后确定，决定后天将两种不同图样均带到会上最后取决”。

这期间，为了赶在 1950 年国庆节挂上国徽，设计工作在夜以继日地进行着。6 月 11 日晚上周恩来约请梁思成谈话后，梁思成、林徽因在家中召集清华大学营建学系教师莫宗江、李宗津、汪国瑜、胡允敬、张昌龄和朱畅中开会，传达周恩来的要求：国徽图案内容除增加天安门外，还要增加稻穗。清华大学国徽设计小组成员立即投入紧张的国徽设计之中。他们在短短几天时间内设计出 6 个方案，国徽组对其中两个方案比较满意。

清华大学营建学系绘制的有天安门元素的国徽图案

与此同时，张仃等也重新修改了设计，并写了一份《国徽应征图案说明书》："一、红色齿轮，金色嘉禾，象征工农联盟。齿轮上方，置五角金星，象征工人阶级政党——中国共产党的领导。二、齿轮嘉禾下方结以红带，象征全国人民大团结，国家富强康乐。三、天安门——富有革命历史意义的代表性建筑物，是我五千年文化，伟大、坚强、英雄祖国的象征。"他们在提交《国徽应征图案说明书》中，还附上一份《设计人意见书》，针对梁思成11日在国徽组会议上发言对其设计的评论，表示"对梁先生之设计理想，颇表钦佩。我们的设计接受了梁先生很多宝贵意见，但与梁先生意见相左部分，仍加保留。故附上意见书，作为补充说明……"从主题处理、写实手法、承继美术历史传统、色彩运用问题几方面进行了解释。

张仃等修改后的国徽图案

6月15日，马叙伦主持召开国徽组会议，讨论清华大学营建学系和张仃设计组新绘制的方案。

梁思成在会上报告说：

周总理提示我，要以天安门为主体，设计国徽的式样，我即邀请清华营建系的几位同人，共同讨论研究。我们认为国徽悬挂的地方是驻国外的大使馆和中央人民政府的重要地方，所以他必须庄严稳重。因此，我们的基本看法是：

（1）国徽不能像风景画……我们的任务是要以天安门为主体，而不要成为天安门的风景画，外加一个圈，若如此则失去国徽的意义……

（2）国徽不能像商标。

（3）国徽必须庄严。

田汉提出某些不同意见：

梁先生最要避免的是国徽成为风景画，但也不必太避免。我认为最要考虑的是人民的情绪，那（哪）一种适合人民的情绪，人民就最爱他，他就是最好的，张仃先生设计的与梁先生设计的颇有出入，他们两方面意见的不同，非常重要。梁先生的离我们远些，张先生的离我们近些。所以我认为他们两位的意见需要统一起来。

会议讨论决定：“将梁先生设计的国徽第一式与第三式合并，用第一式的外圈，用第三式的内容，请梁先生再整理绘制。”

会后，清华大学设计组用了两天时间把两个方案合并成一个新方案，送交国徽组审查。

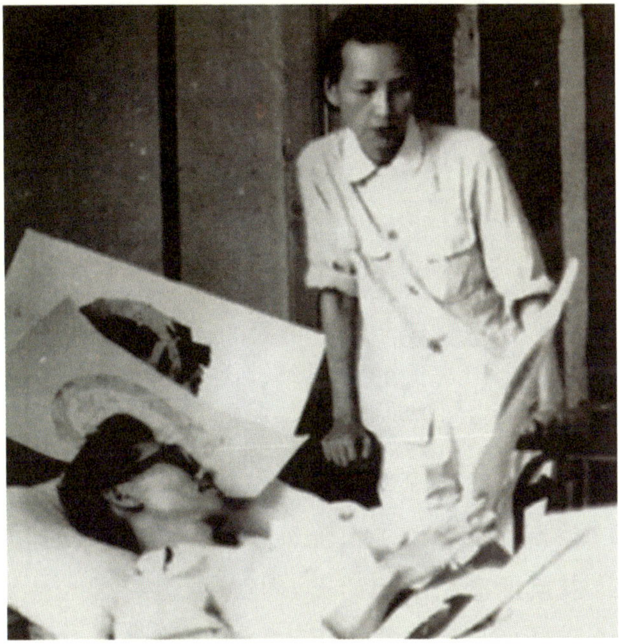

林徽因与病榻上的梁思成讨论国徽图案

国徽审查组马叙伦（左一）、陈嘉庚（左三）、庄明理（左四）等讨论国徽图案

4. 清华大学营建学系的第三轮设计及说明书

1950 年 6 月 17 日，梁思成、林徽因带领的清华大学营建学系国徽设计小组提交了第三轮设计方案，将金色五星、天安门作为主体图案，选择红、黄两色为国徽的基本色彩。同时提交了最后一份国徽设计说明书。

他们在《中华人民共和国国徽设计说明书》中写道：

> 图案内以国旗上的金色五星和天安门为主要内容。五星象征中国共产党的领导与全国人民的大团结；天安门象征新民主主义革命的开始五四运动的发源地，与在此宣告诞生的新中国。以革命的红色作为天空，象征无数先烈的流血牺牲。底下正中为一个完整的齿轮，两旁饰以稻麦，象征以工人阶级为领导、工农联盟为基础的人民民主专政。以通过齿轮中心的大红丝结象征全国人民空前巩固团结在中国工人阶级的周围。就这样，以五种简单实物的形象，借红色丝结的联系，组成一个新中国的国徽。

清华大学营建学系国徽设计组修改后的方案（1950 年 6 月 17 日）

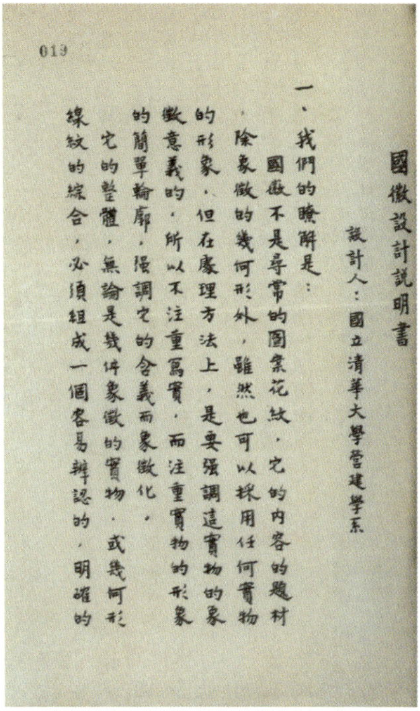

019

國徽設計說明書

設計人：國立清華大學營建學系

一、我們的瞭解是：

國徽不是尋常的圖案花紋，它的內容的題材，除象徵的幾何形外，雖然也可以採用任何實物的形象，但在處理方法上，是要強調這實物的象徵意義的，所以不注重寫實，而注重實物的形象的簡單輪廓，強調它的含義而象徵化。

它的整體，無論是幾件象徵的實物，或幾何形線紋的綜合，必須組成一個容易辨認的，明確的

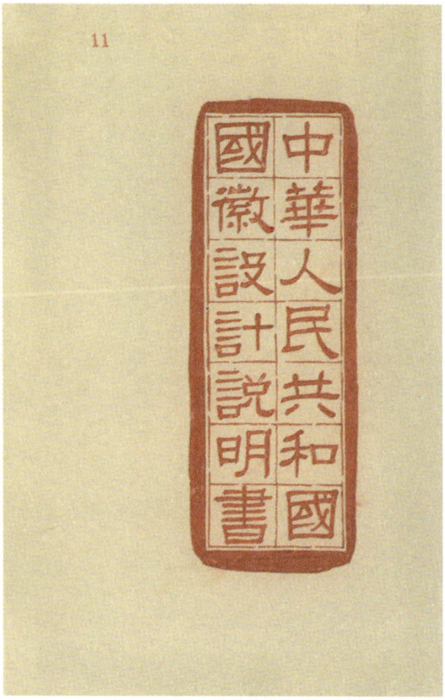

11

中華人民共和國國徽設計說明書

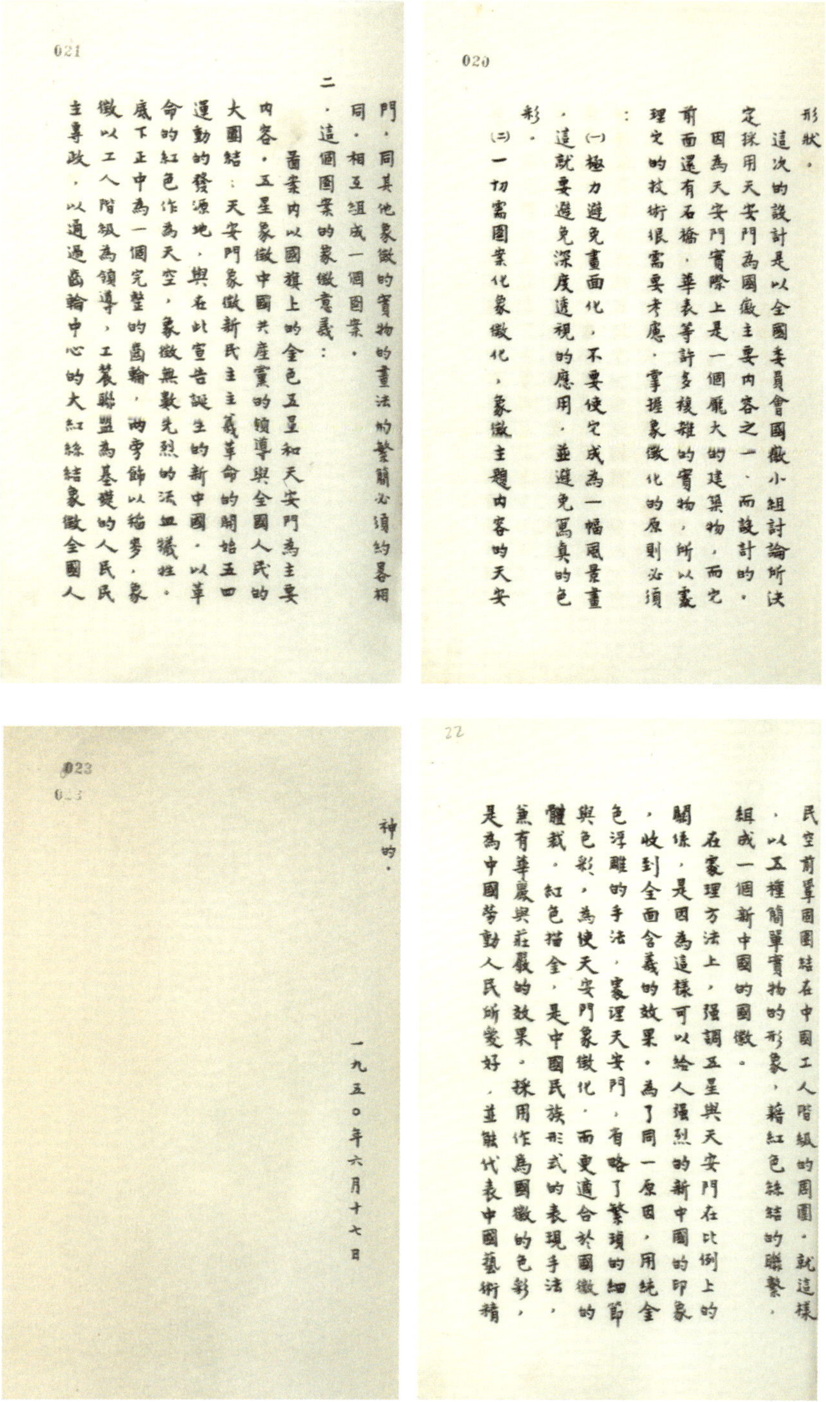

020

形狀。

這次的設計是以全國委員會國徽小組討論所決定採用天安門為國徽主要內容之一，而設計的。

因為天安門實際上是一個龐大的建築物，而它前面還有石橋，華表等許多複雜的實物，所以處理它的技術很需要考慮，掌握象徵化的原則必須：

(一)極力避免畫面化，不要使它成為一幅風景畫，這就要避免深度透視的應用，並避免寫真的色彩。

(二)一切當圖案化象徵化，象徵主題內容的天安

021

門。同其他象徵的實物的畫法的繁簡必須約略相同，相互組成一個圖案。

二．這個圖案的象徵意義：

圖案內以國旗上的金色五星和天安門為主要內容，五星象徵中國共產黨的領導與全國人民的大團結；天安門象徵新民主主義革命的開始五四運動的發源地，與在此宣告誕生的新中國，以革命的紅色作為天空，象徵無數先烈的流血犧牲。象徵下正中為一個完整的齒輪，兩旁飾以稻麥，象徵以工人階級為領導，工農聯盟為基礎的人民民主專政，以通過齒輪中心的大紅綬結象徵全國人

22

民空前鞏固團結在中國工人階級的周圍。就這樣，以五種簡單實物的形象，藉紅色綬結的聯繫，組成一個新中國的國徽。

在處理方法上，強調五星與天安門在比例上的關係，是因為這樣可以給人強烈的新中國的印象，收到全面含義的效果。為了同一原因，用純金色浮雕的手法，處理天安門，省略了繁瑣的細節與色彩，為使天安門象徵化，而更適合於國徽的體裁。紅色描金，是中國民族形式的表現手法，兼有華麗與莊嚴的效果，採用作為國徽的色彩，是為中國勞動人民所愛好，並能代表中國藝術精

023

神的。

一九五〇年六月十七日

清华大学营建学系《中华人民共和国国徽设计说明书》（1950 年 6 月 17 日）

清华大学营建学系国徽设计组部分成员。前排左起：罗哲文、朱畅中、张昌龄、胡允敬、李宗津，后排左起：汪国瑜、莫宗江、高庄

国徽审查小组就清华设计组的方案与中央美院的设计方案讨论、比较，清华设计组的方案获多数人认可和赞成。据当时清华大学国徽设计小组成员之一的张昌龄回忆：“清华设计的方案和中央美院设计的图案得票是7比2，清华设计的国徽图案被选中了。”“但这时还不是最后方案，国徽组的领导还提了一些意见。比如说天安门背景上的五颗星要小一些等。这样又不断修改完善了两天，到6月20日就定下了最终的图案。”

清华设计组6月17日这版设计方案，实际上已经十分接近我们现在使用的国徽了。

当时，沈雁冰提交了一份关于《国徽审查小组报告》，记录了对两个方案的讨论意见。

> 赞成梁思成新作图样（金朱两色、天安门、五星）者，计有：张奚若、郑振铎、廖承志、蔡畅、邵力子、陈嘉庚、李四光（李未到，然昨天已表示赞成此图之原始草样）。
>
> 邵力子于赞成该图样时，提一意见，主张把梁的原始草样之一与此次改定之样综合起来，使此改定样的天安门更像真些。
>
> 赞成的理由：梁画庄严，艺术结构完整而统一（邵力子说张图美丽而梁图庄严）。
>
> 田汉、马夷老（即马叙伦），说两者各有所长。
>
> ……
>
> 雁冰曾询在组以外见过此两图者之意见，或言张图美丽，或言梁图完整，而觉得两图都不理想。
>
> 在年长的一辈人中间，对于张图意见较多，对于梁图意见较少。

三、国徽的确定

1. 清华大学设计组国徽方案被选定

1950 年 6 月 20 日，国徽审查组召开最后一次讨论会，对两个设计组候选方案进行审议。参加会议的有沈雁冰、张奚若、邵力子、马叙伦、李四光、张冲、陈嘉庚、郑振铎、蔡畅、邢西萍、周恩来、欧阳予倩。清华大学设计组和中央美术学院设计组的方案分别挂在墙的左右两侧。会议主席沈雁冰说："上次小组讨论的时候，大家都同意第二图（梁图），不过还须把上面五星改小一点。虽然第二、第六两图都有天安门，但是颜色花绿，不够庄严。请大家再讨论一下。"以下是会议讨论意见：

第二图在艺术上非常成熟，结构完整而统一，较第一图门洞显明，较第六图庄严。（郑振铎、张奚若、沈雁冰）

图下面带子联结一起，象征着工农团结。（周恩来）

印时用金色和红色，若用黄色和红色则不够美观。金色和红色表现了中国特点。第六图红红绿绿，虽然明朗，但不够庄严。（马叙伦、周恩来）

天安门旁的一排小栏杆可以不要，因这样显着太锁（琐）碎，不够大方，稻子也显的（得）不整齐。（张奚若、郑振铎）

最后周恩来委员提意（议）写一个解释书，将第二图拿到会场，使大家脑子内有了印象，然后印发图样，以便于表决时看的（得）更清楚一些。

全体组员均同意以上意见。

会上有个花絮是地质学家李四光一直默不作声，仔细端详着两幅设计图案。周恩来问他有什么意见？李四光稍微停顿了一下，指着清华大学的设计图说：“我看这个好！天安门广场宽广，五星红旗布满天空，够气派！”

最后，周恩来根据大家意见，指着清华大学设计的图案说：“那么好吧，就这样定了！”同时，他建议将麦稻穗设计成挺拔向上的形象。周恩来的意见得到与会者的一致赞成。

会议确定了清华大学设计的国徽图案。

6 月 21 日，马叙伦在政协第一届全国委员会第二次会议上作《国徽审查组报告》，就国徽审查组确定的国徽方案“提请大会公决”。

23 日，政协第一届全国委员会第二次会议通过决议：“中国人民政治协商会议第一届全国委员会第二次会议同意马叙伦委员代表国徽审查组的报告，并绝大多数通过国徽审查组所拟定的国徽图案，提请中央人民政府委员会核准公布。”

在政协第一届全国委员会第二次会议上，毛泽东主席宣布通过中华人民共和国国徽。

28 日，中央人民政府委员会第八次会议通过了政协第一届全国委员会第二次会议提议的《中华人民共和国国徽图案及对设计图案的说明》。

国徽审查小组讨论通过的国徽模型图案（1950 年）

周恩来在全国政协一届二次会议期间审阅国徽图案

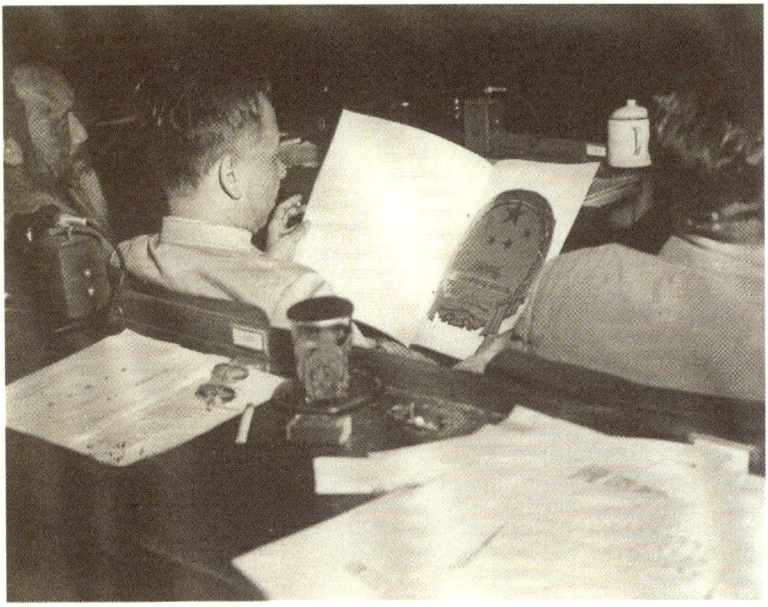

刘少奇、张澜在全国政协一届二次会议上审阅国徽图案

陈云在全国政协一届二次会议上审阅国徽图案

毛泽东主席在全国政协一届二次会议上主持讨论通过国徽图案（1950 年 6 月）

2. 修正与公布

国徽图案审定后，中央人民政府将国徽塑造立体模型（即国徽浮雕图案）的任务交给清华大学营建学系，梁思成推荐该系雕塑教授高庄。高庄在工艺方面造诣颇深，木刻和素描都很有功力。

高庄投入工作后，又对国徽图案仔细观察、认真研究，觉得图案中个别构件的位置、绸带的环绕方式以及麦穗的造型等还略有不足之处，应做一定完善。

鉴于国徽图案已由全国政协审议通过，突然提出修改绝非易事。高庄为达成目的，顶着巨大压力专门给毛泽东写了一封信，坦诚提出自己的意见："主席：你是一个伟大的政治家，但不是一个艺术家……"据高庄的儿子高康回忆，当时看过这封信的许多人，每忆此事都无法忘记那令人触目惊心的开头。钟灵就认为高庄"有点过火吧"。但高庄以强烈的使命感不为所动，递交了此信。不久，中央派彭真、康克清到高庄家听取情况说明，并转达毛泽东同意进一步提高的指示。

这样，高庄经过辛勤劳动，对原来国徽的几何设计图稿进行了规范与简化，于当年 8 月最终完成了国徽模型的设计塑造工作。

1950 年 8 月 18 日，政务院召集专家学者开会讨论国徽图案时，高庄就修改后的国徽图案作了说明。他说：

> "我的愿望就是想使我们的国徽：更庄严、更明朗、更健康、更坚强、更程式化……更符合于应用的条件；并赋以更高的民族气魄和时代精神……因此，在我塑造的中间作了一些修改。是否有当，请予裁夺。"

其修改部分及理由为：

一、绸带的修改——新图较旧图更有力，更规律化。

二、稻粒的修改——仍有丰富感，但不零乱琐碎。

三、将非正图改为正图——易于仿制，更明朗，更健康。经过讨论，会议同意高庄修正的国徽浮雕图案。

修改后的国徽设计图样（第一次打样图）

经毛泽东批准的国徽模型（1950 年）

1950年9月20日，中央人民政府主席毛泽东发布《中央人民政府命令》，公布国徽及图案说明。《人民日报》等予以刊登。至此，庄严华贵的中华人民共和国国徽诞生了。1950年国庆节，天安门、新华门和各政府机构都挂上了国徽。

1950年9月20日《人民日报》社论《尊敬国徽爱护国徽》是这样写的：

> 国徽鲜明地表现了我们国家的性质——工人阶级领导的以工农联盟为基础的人民民主国家……我们的国徽就是这样的新民主主义革命斗争的胜利与新中国诞生的象征。
>
> 看到国徽，我们可以回想到中国人民为争取今日的胜利而进行了的英勇的艰苦的革命斗争，特别是“五四”以来的新民主主义革命斗争……
>
> 看到这个庄严美丽的国徽，我们就不能忘记多少爱国志士和革命先烈已经为这国徽所象征的国家的诞生而英勇地付出了他们的鲜血与生命。是他们的可贵的鲜血与生命，使我们的国徽发出鲜艳的红色和灿烂的金光……
>
> 看到这个庄严美丽的国徽，我们也不能忘记我们勤劳勇敢的先辈、广大工农和一切劳动人民在祖国大地上进行的生产建设的劳绩，和支援民族解放与人民解放战争所付出的力量……
>
> 看到这个庄严美丽的国徽，我们也就像看到中国众多的人民、丰饶的物产、悠久的历史、丰富的文化；而且也可以想像到新中国无限远大的充满光辉的前程……

中华人民共和国国徽图案

中华人民共和国国徽